张光直作品系列

考古人类学随笔

张光直 著

生活·讀書·新知 三联书店

Copyright © 2013 by SDX Joint Publishing Company
All Rights Reserved.
本作品中文版权由生活·读书·新知三联书店所有。
未经许可，不得翻印。

图书在版编目（CIP）数据

考古人类学随笔／张光直著．—北京：生活·
读书·新知三联书店，2013.1（2024.3 重印）
（张光直作品系列）
ISBN 978-7-108-04175-3

Ⅰ．①考… Ⅱ．①张… Ⅲ．①考古学－人类学－文集
Ⅳ．① K85-53

中国版本图书馆 CIP 数据核字（2012）第 181805 号

责任编辑　孙晓林
装帧设计　蔡立国
责任印制　董　欢
出版发行　生活·讀書·新知 三联书店
　　　　　（北京市东城区美术馆东街 22 号）
邮　　编　100010
经　　销　新华书店
印　　刷　河北鹏润印刷有限公司
版　　次　2013 年 1 月北京第 1 版
　　　　　2024 年 3 月北京第 4 次印刷
开　　本　880 毫米 × 1230 毫米　1/32　印张 8
字　　数　183 千字
印　　数　10,001-12,000 册
定　　价　78.00 元

在台湾,1952年

台湾大学考古人类学系第一、二届学生与教师合影，地点在文学院中厅，1952年
前排左起：卫惠林、芮逸夫、高去寻、屈万里、李宗侗、沈刚伯、李济、董作宾、凌纯声、陈绍馨、石璋如；
中排左起：李卉、许倬云、庄德如、赵荣琅、胡占魁、何廷瑞、杨希枚、吕士朋、许世珍、陶树雪；
后排左起：张光直、宋文薰、李亦园、唐美君、任先民、林明汉、陈楚光、工友、丘其谦

与中国社会科学院考古所合作的"早商文明研究"合作项目成员在河南商丘虞城县马庄新石器时代墓地，1994年，左起：乌恩、张长寿、张光直、高天麟

在马庄新石器时代墓地发掘，1994年

观察出土陶器，1994年

目 录

前 言 ... *1*

一 狗尾"序"貂

《时间与传统》序言 ... *3*

《安阳》张序 ... *8*

《南中国及邻近地区古文化研究——庆祝郑德坤教授
　从事学术活动六十周年论文集》序 ... *10*

《考古与历史文化——庆祝高去寻先生八十大寿
　论文集》序 ... *15*

《中国著名古墓发掘记》序 ... *18*

《先秦考古学》张序 ... *21*

《李亦园文化论著选集》序 ... *23*

《台湾的传统中国社会》序 ... *26*

《台湾考古学书目》序 ... *29*

《台湾历史上的土地问题》张序 ... *31*

《中国史前考古学史研究（1895—1949）》序 ... *33*

《台湾平埔族文献资料选集——竹堑社》张序 ... *38*

二　大题小作

在学术上迎接 21 世纪 43
"天人合一"的宇宙观与中国的现代化 47
从中国古史谈社会科学与现代化 53
中国古代史的世界舞台 59
人类学的社会使命
　　——评介陈其南《文化的轨迹》 66
再谈人类学的社会使命
　　——简介"文化长存学社" 69
中国考古学与历史学整合国际研讨会开会致辞 76
中国人文社会科学该跻身世界主流 79

三　关于台湾

台湾考古何处去？ 85
《台湾史田野研究通讯》发刊辞 92
台湾史必须包括原住民的历史 94
台湾应有像样的地方性历史博物馆 98
关于台湾省历史博物馆的几点建议 102
政府对走私文物市场有无政策？ 104
抢救圆山遗址 106
台湾考古学者该与福建和东南亚交流了 109

四　一个考古工作者的随笔
　　——《中国文物报》专栏

谈"图腾" 117
介绍林寿晋《先秦考古学》 119

台湾大学考古人类学系创立44年 ... 121
建议文物考古工作者熟读民族学 ... 124
要是有个青年考古工作者来问道 ... 126
谈文物盗掘与走私 ... 128
北大考古系赛克勒博物馆开幕有感 ... 130
怀忆民族学前辈学者凌纯声教授 ... 132
考古工作者对发掘物的责任与权利 ... 134
撰写研究计划申请经费经验谈 ... 136
追记台湾"浊大计划" ... 138
从俞伟超、张忠培二先生论文谈考古学理论 ... 141

五 杂文

新年三梦 ... 151
谈龙骨与龙 ... 153
怀念高去寻先生 ... 157
台湾新考古学的播种者
　——忆李光周先生 ... 162
人类学派的古史学家李济先生 ... 166
哭童恩正先生 ... 174

附 录

中国考古向何处去
　——张光直先生访谈录 .... 陈星灿 181
与张光直交谈 .... 海基·菲里 205

前　言

这本小书所收的48篇文章，绝大部分已经发表过。其中很多篇原来发表在中国的报纸和杂志上，是以社会上一般人为对象的。有几篇学术味道比较浓厚些，但也是朝着深入浅出那个大目标努力撰写的，相信读这本书的人，不会遇到生涩难解的语言问题。

46篇分入五组，第一组我叫它作"狗尾'序'貂"，是因为为了它作序的书，都是非常值得读的书，我写的序夹在书里，沾着原书的光，也许有人看一看。第二组文字我给它取了"大题小作"这个名衔，表示我不是不知道大题不宜小作，但我希望读者们能透过纸背看到这些简短结论有庞大的基础。第三和第五组文章的标题不言自明。第四组是我为北京《中国文物报》自1993年夏季开始写的一个专栏。因为《中国文物报》寄来给我常常脱期，我不知道是否寄去的稿件全都发表。在题目后的星花下面如果没有注明年月日，那篇文章便是根据原稿排版的。如已发表，便依印出来的语句。另收入陈星灿先生、海基·菲里先生与我的访谈记录，作为附录部分。

一 狗尾"序"貂

《时间与传统》* 序言

布鲁斯·坎格尔教授的《时间与传统》是一本讲考古学理论的好书，在美加考古学界也是受人尊敬和重视的一本书。它的中译本对现阶段中国考古学的进展应当是有积极影响的。

考古学理论在中国一向不大受人重视。最近两年来出版的《中国考古学年鉴》对当代中国考古研究活动固然是很可靠的反映，而在这里面根本没有"考古学理论"这个范畴。可见，"理论"这件东西在当代中国考古活动中可以说没有什么地位。我相信中国考古学界对理论的漠视不是偶然的，而有它历史上的一些因素。首先，中国传统史学本来就缺乏对历史理论的有系统的讨论。黑格尔曾经说过："中国人的历史只包含赤裸裸的、明确的事实，而对它们不加以任何意见或推论。"固然这种观察是很不可靠的，但传统史学的确有特别着重对客观史实的记述的一面。它的另一面则是利用史实的选择和描述来表明历史学家对价值系统的主观判断，所以自孔子以来便有"作春秋而乱臣贼子惧"的现象。这种凭主观判断来解释历史的作风，自有它趋于极端的一面，所以近代西方史学输入中国以后，便首先以传统史学的这一特征为打击的对象。中央研究

---

* 布鲁斯·坎格尔著，蒋祖棣、刘英译（北京，三联书店，1991年版）。

院历史语言研究所创办人傅斯年先生在1928年出版的《集刊》发刊词中就疾呼要打倒"把那些传统的或自造的仁义礼智或其他主观同历史学和语言学混为一气的人"！历史语言研究所代表的史学观认为"历史学不是著史"，"近代的历史学只是史料学"。

可以说，以反抗传统史学之末流的仁义道德史学为特征的这种史料学，半个多世纪以来一直占据领导或至少是优势地位。在这种历史观培育下发展起来的考古学，也就特别重视考古材料的获取和考证，而不信任主观的理论，常以为"理论"不过是一种成见，因而把理论硬套在考古材料上便不是严谨的治学方式。这种以史料及史料考证、排比为主的历史观在近三四十年曾受过剧烈的批评和批判，而且近年来中国历史界对历史理论进行讨论的兴趣也有很大提高。不过，在考古学上惟一有系统的指导理论，仍是马克思、恩格斯的唯物史观。关于这种理论在考古学的作业上如何具体运用，一直很少经过缜密的思考和田野实践。所以，马恩的唯物史观虽然对中国历史在宏观上起了巨大的、高级的指导作用，不过据我的观察，它还没有广泛地在中国考古学的作业中发挥很大的具体作用。

其实，要讨论考古学理论在中国考古实践中的作用和意义，我们首先得说清楚在我们使用"考古学理论"这个名词的时候，我们所指的概念是什么。最近在《考古学专题六讲》这本书里，我把自己对几个常用的有关名词的用法说明了一下："资料"是研究历史的客观基础；"技术"是取得资料的手段；"方法"是研究资料的手段；"理论"是研究人类历史的规律性认识的总结，并反过来指导具体的研究工作。上面这个对理论的定义，我想一般是可以使用的。但这个定义比较狭窄严谨，因而在一般的运用中，我们不妨把它放宽些。我们可以说，考古学上的理论是在考古作业的每个步骤上指导我们作何选择，如何做此选择的、关于文化现实、社会现实的有系统的一套看法和想法。换句话说，在考古实践中，我们应当先知其所以然才能决定其然。使我们能知其然的便是考古理论。口口声声说他不相信考古理论，或者说他没有考古理论的人，并不是真没有考古理论，而是只有未经检讨的、不成系统的，或者甚至是迷惑混乱的理论。进行考古实践并不是遵循一条不变的道路盲目自动地向前走，而是每一个步骤都会碰到岔路，需要加以选择。有理论的人进行这种选择是有根据的、有信心的；没有理论的人，进行这种选择是盲目的。

我们不妨举几个例子来说明考古实践离不开考古理论。我们到田野去调查遗址的时候，应该如何调查？考古调查不是只有一个不变的方式，而是根据我们调查的目的和对古代文化社会生活的不同了解而有所区别。有人看到不同的遗物群便把它们当作不同的文化；另一些人则把它们看作同一或不同文化对不同生活需要所做的不同适应性行为的表现。这两种不同的看法便对我们调查的范围、深度、顺序以及发掘与否等诸决定，有很大关系。考古发掘更是一套复杂的程序，从打桩子到回填之间一步步的工作应如何进行，有着许多不同的方式。怎样能忠实地记录资料，同时又能提供回答特定问题的资料，这就要看考古工作者在发掘的具体地点、范围、各种专业人员的使用、发掘的细密程度等等问题上进行怎样的选择。发掘出来的遗物如何进行处理？有哪些可以留下来，哪些可以抛弃？对器物进行分类是为了什么目的？为了这种目的又应当使用哪些分类标准？——这一连串的问题都是每个考古工作者必须回答的。无论是否意识到自己的理论体系，在回答这些问题时，在进行自己的选择时，考古学者是一定要应用他对历史认识的理论的。这几个例子应该可以说明考古理论与考古实践不可分割的关系。理论并不是一种空洞的主观成见。它需要与客观资料相对照。考古工作者不会没有理论,只是有人有好的理论,有人有不好的理论。如果有的考古工作者认为考古学的理论不足重视的话,我们不妨问一问,是盲目地使用主观的、未经检讨的理论好,还是先对自己的理论体系做一番检讨好呢?

四五十年来,世界考古学理论的中心很显然在美国。这并不是说美国有最好、最正确的考古学理论,而是说美国考古学界的理论是多元化的,也是特别发达的。因此,考古学工作可在许多丰富的理论体系中做适合自己立场与见解的选择,并且在这些体系中不断得到启示和刺激。事实上,就西方考古学史来说,考古学理论的有意识的发展也不过是 20 世纪 30 年代以后的现象。在这以前,西方考古学也是以器物为主要对象的,即以器物史的发现和文化史的重建为主要的目标。因而,这种研究的主要方法便是年代学、地层学和类型学。30 年代欧洲考古工作者开始对这种情况感到不满,不少人开始主张,考古学研究的对象应当从器物转向人。考古学资料是物。如何从物去研究人的生活,这便要有借于考古学理论与方法论的指导。在这方面比较有名的一篇文章是英国戈登·柴尔德在英国史前学会 1936 年年刊上发表的一篇《史前史变化中的方法与目标》,其中就大力主张考古学者在理论上要有意识、有系统地讨论如何研究史前时代经济生活、社会生活这一类的问题。这篇文章在西方考古学界引起了广泛的注意。不过,考古学理论的蓬勃发展还是在第二次世界大战结束之后。自 40 年代晚期到 50 年代初期开始,关于这方面的讨论研究的中心转移到了美国,并且数十年不衰。自 1950 年以来,美国考古学理论的书刊与论文无疑有数千、数万之多。中国考古学界如果对这方面有加以探索的兴趣，这无疑是一个非常丰富的园地，其中有不少值得参考，值得作为可以攻玉的"他山之石"。

《文化：中国与世界》丛书编委会选了布鲁斯·坎格尔这本书翻译并介绍给中国读者是最合适不过的了。正因为考古学理论在美国特别发达，以致各种说法五花八门，令人眼花缭乱，而且其中良莠不齐，有精华也有渣滓，要在美国关于考古理论的千万种著作中汲取精华，必须首先做一番爬梳清理工作，除滓存精，才不致事倍功半。布鲁斯·坎格尔是加拿大人，在蒙特利尔的马克给尔大学任教。他的博士学位是在美国耶鲁大学得到的，而且多年来，他在美国考古学理论界一直占有一席非常令人重视的地位。他所以为人重视的一个主要原因，便是他不仅有精深的见解，而且持论公平，不属于哪门哪派，对当代各种新旧说法都能客观地做正面、反面的检讨和批评、整理。读者读他的文章，能中肯地把握理论上的一些基本窍门，对各派学说的要旨优劣都能掌握，最后可以作明智的抉择。现在这本书的中译本出版在即，相信它对中国考古学理论方面的进展一定会起积极、肯定的作用，所以很高兴地写这几段话以志同声之欣悦。

1987年4月于美国哈佛大学

《安阳》* 张序

《安阳》是先师李济先生最后的一本专著;像它的作者一样,这本书在中国考古学的园地里有伟大的历史意义。如今它的中译本问世在即,令人感到兴奋。

自从1928年第一次发掘安阳殷墟到今天已经63个寒暑了。我们对殷墟发掘在中国考古学史上重要性的认识,不但没有被岁月的消逝所冲淡,反而越来越在中国考古学持续发展过程的启示之下而更觉得清楚了。这个重要性,一方面是由于殷墟是中国考古学史上头一个用现代科学方法作长期发掘的遗址,所以在殷墟发掘过程中考古学者们所经验出来的心得,对以后半世纪中考古工作者思想和研究的习惯,留下了不可磨灭的影响。另一方面,由于殷墟是目前中国历史上最早的一个有文字记录的考古遗址,它对于中国史前和历史时期间的关系的了解上,便发生了承先启后的作用。至少在目前的知识范围之内,我们可以这样说。学习中国考古学者最好自学习殷墟开始;学习中国近代考古学史者,也最好自学习殷墟开始。

从中国考古学史上说,李济先生的名字是与殷墟分不开的。有"中国考古学之父"的称号的李济先生是中央研究院

---

* 李济著,贾士蘅译。

自1929年到1937年发掘殷墟工作的总指挥。在1949年以后李先生又在台湾用了30年的时间进行战前发掘出来的成果的整理和研究工作。他一生的学术著作也以殷墟和殷商文化为中心。给学习殷墟的学生带路的人，再没有比李先生更合适的了。这本《安阳》是李先生给殷墟发掘和研究所做的一个总结。教中国考古学的课用这本书作头一本入门书是再合适不过的了。可是《安阳》原书是用英文写的；在国内教书的人对这本书的中文版的问世，可以说是久已望眼欲穿了。

贾士蘅女士翻译这本书为中文，也是再合适不过了。李先生写这本书的时候，年纪已经很大，身体欠佳，行动不便，在这本书的材料搜集与写作上，贾女士给了李先生很大的帮助。如今由她自己翻成中文，自是驾轻就熟，对作者的原意也比任何他人都能了解。贾女士嘱我为中译本作序，就写了这几段话以志喜悦。

　　　　　　　　　　　　　　　　1991年5月4日

《南中国及邻近地区古文化研究——庆祝郑德坤教授从事学术活动六十周年论文集》* 序

香港中文大学中国文化研究所主办研究中国南部及邻近地区的国际性的研讨会，将来自中国大陆、香港、台湾和越南的44篇论文编集出版，这是中国地区考古学史上的一件大事。中国南部考古学起步较北方为晚，在过去又由于传统史学重中原轻边疆的偏见而被忽视，所以考古与古史研究成果不如华北。近年来，部分由于南方经济的发展，考古材料出土增加。南方各省的考古文物单位，包括香港中大的中国文化研究所在内，又有计划、有目的地扩大了调查、发掘的规模和范围，发现了许多引起国内国外密切注意的新资料与新问题。中国文化研究所在此时此地召开这个学术研讨会，可说正是迎合天时地利人和的良机。

在"南中国及邻近地区古文化研究"这个会议上，同时要庆祝人类考古界前辈学者郑德坤教授从事学术活动60周年，这尤其令人感奋。郑先生与中国南方，尤其是东南沿海地区古代文化研究史的关系，是非常密切的。不知道今天还有人记得不，福建省最早的考古发掘工作是郑德坤先生主持的。1936

---

* 香港中文大学中国考古艺术研究中心、郑聪编，香港中文大学出版社，1994年。

年春季，泉州市中山公园建盖体育场时，在地下发现古代墓葬。厦门大学附中教员庄为玑先生看到了，便买了几块砖头带回厦门。那时候才29岁的郑德坤先生是厦门大学文化陈列所的所长，他知道了这事便与庄先生和林惠祥先生一起去泉州发掘。他们一共工作了9天，发现了4座唐代的砖墓（这次发掘的收获后来在1939年的《哈佛亚洲学报》中发表）。就在那年后半，郑先生转往四川成都的华西大学任教，后来将四川古代文化的研究，开辟了一个崭新的园地。但他对东南海岸一带的考古一直挂念在心。1983年郑先生还在香港中大的中国文化研究所工作的时候，曾计划召开一个"中国东南海岸地区史前文化研讨会"，邀约已故的林寿晋先生与我协助他计划和筹措。这个会议拟邀请的学者的名单和拟讨论的题目都已大定，但因为经费的关系，一直未能实现。但是郑先生这一愿望，今天在这个"南中国及邻近地区古文化研究"研讨会中成为事实了。我们今天将这个会中提出来的44篇论文贡献给郑先生，向他自1933年开始在厦门大学任教以来60年如一日从事于中国传统文化的研究的精神与重大的贡献来表达我们的敬意，真是再合适不过了。

郑德坤先生60年来，陆续在厦门大学、华西大学、英国剑桥大学与香港中文大学从事教学研究工作，对中国考古学、史学、艺术和人类学研究的贡献是多方面的。将他的多方面的贡献做详细的分析，然后把它们做一个综合的报告，是一件规模庞大的研究计划，我有从事的野心，却不知能否胜任。但是，在郑先生的著作中很显著地可以看出来的一个特点，也是与香港中大中国文化研究所的宗旨，并且与今天这个会议的内容都有关系的，这就是郑先生不论是讲学还是著述，他的着眼点都是以中国文化的一般特征以及中国文化各方面之间的联系关系为主题。郑先生的文章，有题目极大的，如《中国文明之始》("The Beginning of Chinese Civilization"，载 *Antiquity*, XLVII, 1973)，也有题目极窄的，如《若干中国伊斯兰的幻方瓷》("Some Chinese Islamic Magic Square Porcelain"，载 *Journal of Asian Art*, No.1, Lee Kong Chian Museum of Asian Culture, Nanyang University, Singapore)。大题目能旁征博引，发挥得淋漓尽致，小题目则深入浅出，论证到无懈可击。总看郑先生写作的范围，没有办法给他一个标签，说他是哪个题目的专家；他的题目环绕着"中国文化"这个极大的圈圈转，合起来就将中国文化从无数的据点界说起来。郑先生当然是个考古学家，但是他不止是个考古学家，他也是史学家、美术史家、艺术鉴赏家、古地理学家、人类学家等等。我想可以说郑先生是个中国文化学的学者，与老式的西方的汉学家有许多相似。中国近代学者里面可与郑先生比较的是杨联陞先生，只是杨先生立基于史学，郑先生立基于考古学而已。

1969年3月，郑先生在香港写信来说："我们研究人类学，对于文化与人的关系应该有点认识，各民族各有他们的文化。文化就像空气一样是生活生存的要素。不幸我们处于动荡的时代，流落海外，年暮思乡，每感到他国的文化与我们的不一般。最缺乏的是人情。朋友来往无论多么浓密，总缺少了些人情味。早年忙于生活工作，不觉得，越老越知道我们故有文化的宝贵。几千年的演进，继续存在，不是无因。去年有这讲演机会，因此把一些思想系统化，一方面讲给学生听，一方面拿来和一些海外'难民'互相讨究。来信讨论与以共鸣的，确有几人。台北老友且建议重印在国内发行，据说要列入中山文库第一册，以广传流。这种积极的态度比较我死抱古书，壁补丹青，橱陈金石，闲摸麻将，聊慰乡愁要高一筹了。未知你以为何如？"这里所说"去年有这讲演机会"是指1968年郑先生应新加坡南洋大学副校长刘曜的邀请，在南洋大学讲中国人类学的课。郑先生在这封信所描写的心境之下，便利用这个讲演的机会，从人类学的角度讲了中国文化。他的讲演稿不久便在南洋大学以《中国文化人类学》为题出版。在这本书之前，1962年郑先生客居马来亚大学，协助成立中国研究系，同时给了一系列的有关中国语言和历史的演讲。演讲的记录稿后来编为《中国的传统文化》一书。在1978年郑先生把这两本书整理修订，又出版了中文的《中华民族文化史论》。1980年郑先生又用英文出版了 *The World of the Chinese：A Struggle for Human Unity*。这些单刊都是郑先生对中国文化研究的综合与总结，而他的各种专业论文可以看作郑先生对中国文化整个看法的个案研究。

这个国际研讨会，"南中国及邻近地区古文化研究"，在研究中国文化的早期历史上，也将提出重要的贡献。中国南部古代文化有它自己的特性，而且在很早的年代便达到很高的文化水平，这已经是大家公认的前提了。现在中外学者讲到中国古代文化都流行使用"区域文化"这个术语：例如，仰韶文化是黄河中游的区域文化，大汶口文化是山东半岛的区域文化，大溪文化是长江中游的区域文化，马家浜文化是长江下游区域文化，等等。这些区域文化并不是完全孤立生存，孤立发展的。它们在生长过程中难免发生接触、交流的情况。前几年在河南濮阳发现过仰韶文化时代用蚌壳摆成的龙的形象，最近又在湖北黄梅发现大溪文化时代用河卵石摆成的龙的形象。这两条龙都是公元前四五千年前的产物，但是属于不同的区域文化。年代再稍晚些，龙又在辽河流域的红山文化中出现。龙作为艺术形象，代表一定的宇宙观。辽河、黄河、长江流域在大略同时都出现龙的形象，恐怕不是巧合，而要反映这几个区域文化之间的历史联系或接触关系。中国文化的确要有许多源头，但这许多源头在什么时候汇聚成为中华文化？这是要靠考古、古史学家将公元前一万年来全中国境内的文化资料仔细比较研究以后才能得到答案。这个论文集包含许多讨论南方史前文化特征的文章，为今后与北方文化的比较奠立了基础。更多篇的文章，专门讨论南方——尤其香港——古代的牙璋在南北文化接触上的启示。这里每篇文章，都有它自己的主题和意义，但总起来看，它们讨论了中国文化形成的早期历史上南北关系的一些重要问题。我们将这本论文集呈献给郑德坤先生，希望它标志着在郑先生的中华民族文化史研究的基础上，百尺竿头，更进了一步。

《考古与历史文化——庆祝高去寻先生八十大寿论文集》* 序

1989年7月1日是高去寻先生80岁的生日,我们这一群高先生的学生借这个良辰吉日将这本学术论文集呈给高先生为他祝寿。

高去寻先生在学术上的贡献是全世界研究中国古史与考古学的学者所熟知的,不必在这个场合详细叙述。自从高先生在北京大学历史系毕业,在1935年秋季参加了中央研究院历史语言研究所考古组在河南安阳殷墟的发掘以后,他这55年以来的学术事业便与殷墟的发掘、研究,与成果的报告离不开了。高先生在殷墟研究上最重要的贡献,无疑是他近30年来陆续发表的殷墟西北岗王室大墓的报告。这11座大墓的报告是梁思永先生生前开始写作的,但梁先生在1954年逝世以前只写成了22万字的未完稿。从1962年起,高先生全力辑补梁先生稿,将西北岗的大墓一个接着一个详细地描述发表出来,成为研究中国古代文明上最重要的一批新资料。除此以外,高先生在殷墟大司空村墓葬(是他在1936年秋季主持发掘的)所表现的殷代礼制、殷墟出土的文字,与殷周青铜器的形制的研究上,都有独到的见解。高先生又是在中国考古学

---

* 宋文薰、李亦园、许倬云、张光直主编,正中书局,台北,1991年。

者首先详细讨论中国黄河流域古代文明与北方文明之间的关系的。

我们有幸作为高先生的学生，都深深感到高先生的教导对我们每个人的学术生命是有过深重的影响的。高先生对我们的教育远不限于他丰富学识的传递，他对他的学生们更大的影响还是由于他认真纯正的性格给我们所做的为学、为人的榜样。他之教育学生是认真详尽、毫无保留的。记得1950年他第一次到我们的母校台湾大学考古人类学系开中国考古学的课，用一年的时间来准备课程，然后把他准备的材料，就是中国考古学自金石时代起、经过20世纪20年代西方科学考古输入，一直到1949年中央研究院迁台以前为止的全部经过与成果，一年一年的，每本书、每篇论文都给他的学生查找撮要出来，从杨梅坐火车到台北来上课时毫无保留地传授给我们。我们在中国考古学上的基础，就是高先生这样替我们打出来的。这位举世闻名的学者，与我们这些年轻的学生打成一片，以诚心相处，40年来，不但是我们的良师，而且是无话不说的益友。这是因为高先生虽然较我们年长，却一直抱着一颗赤子之心，一心只知为学，把他的学生都当作为学道上同伴，一方面不容情地指出我们的错误，一方面又鼓励我们从事独立思考、鼓励我们有新的看法。历史语言研究所出身的高先生这一代的学者中像高先生这样的纯真学者当然不只他一个人，但高先生是与我们最亲近的一位，也是对我们影响最大的一位。我们除了学习高先生的学问以外，还希望学他的为人，也希望能像他这样对待我们的学生。现在的社会越来越复杂，做人也越来越难，但我们希望在我们这一代和在我们以后代代的学者中，像高先生这样以做学问和教学生为纯一念头的人不绝如缕。

高先生80大寿的场合，我们谨向他呈献这本论文集作为祝寿之意，但更希望他仍照例告诉我们他对文章的看法，纠正文章中的错误，或与我们辩论文章中的细节。

> 宋文薰
> 李亦园
> 许倬云
> 张光直

《中国著名古墓发掘记》* 序

四十年来中国考古学的伟大进展,是众所熟知的。这些进展的结果,使我们对中国古史的内容,增加了许多新的知识与了解,并将中国古史的剖面不论在幅度还是在深度上都加以大量的扩张。出土这些新考古资料的遗址,有的是古代的宫殿或是聚落的废墟,但绝大部分是古代的墓葬,而且新出土文物中的精华,也绝大多数是自古墓中发现的。六十多年以前,已故的古史学者傅斯年先生在创办中央研究院历史语言研究所的时候,曾经宣称过,"凡一种学问能扩张他研究的材料便进步,不能的便退步"。四十年来的考古发掘把研究中国历史的材料扩张到傅先生说这话的时候恐怕都意想不到的程度,它对中国史学的促进,应当是空前的。但是要促进史学的进步,第一步必需的条件是把新出土的资料详细地公布出来,使学者能够据以做翔实的研究与进一步的解释。

考古发掘中存着一个问题,为什么古代美术的精品多在墓葬里面发现?这个问题看来简单,回答起来却需要先将中国古代宗教思想与埋葬习俗做一番详细的讨论。因篇幅关系,无法

---

* 朱启新编,联经出版事业公司,台北,1995 年。这篇序先发表于《中国文物报》(1990 年 6 月 28 日),编者给它定的题目叫《古代墓葬的魂魄观念》。

深入探讨，但是，最有关键性的是与周末到汉代文献中清楚提到的魂魄观念有关。《左传·昭公七年》中子产说："人生始化曰魄，既生魄，阳曰魂。"唐孔颖达《正义》把魂魄的关系做更明确的解释："魂魄神灵之名，本从形气而有。形气既殊，魂魄各异。附形之灵为魄，附气之神为魂也。"人死之后，魂魄分离，"魂气归于天，形魄归于地"（《礼记·郊特牲》）。这样解释的魂魄观念向古代可以追溯到什么时候，目前还不清楚。余英时先生在《魂兮归来！》一文（"O Soul, Comeback! A Study in the Changing Conceptions of the Soul and Afterlife in Pre-Buddhist China"，*Harvard Journal of Asiatic Studies*，卷47，1987）里面，有鉴于"魂"在《楚辞》中出现的频仍，与"魄"在周原甲文中已用来指称月相，推测这是古代中国南北两方关于灵魂的不同观念，到了东周时代才混合到一个思想系统之内，构成子产的说法。

既然人死之后魂魄分离，魂气升天，形魄归地，那么古代的埋葬制度与习俗便必然具有双重的目的与性格，即一方面要帮助魂气顺利地升入天界，一方面要好好地伺候形魄在地下宫室里继续维持人间的生活。如王仲殊先生所说："在汉代地主官僚阶级中流行的丧礼的葬俗，其中心思想之一，是把死人当做人看待，即《论衡·薄葬篇》所说的，谓死为生。所以不仅在墓室的形制与结构上模仿现实生活中的房屋，而且在随葬品方面也尽量做到应有尽有，凡是生人所用的器具、物品，无不可以纳入墓中。"（《汉代考古学概论》，中华书局1984年版）汉墓的这种特征，在西汉中叶以后尤其显著，在保存形魄上加强努力，供以完整富裕的阴宅。在西汉以来保存尸体的新的措施，如马王堆以白膏泥与木炭密封棺椁和满城汉墓的玉衣，也是在这方面加强努力的显著表现。把时间往早往上推，即自西汉初期以前一直到三代的竖穴木椁墓，不论在墓室的结构上还是在尸体的保存上都不显著表现使尸体长期保存的措施。所以在汉代以前，也许在墓葬习俗上说，并没有在形魄的供奉上有特殊努力的证据。从另一方面看，根据随葬品的种类与上面装饰的花纹，当时更重要的考虑可能是如何帮助神魂走入天界。这从三代墓葬中的随葬物以具有动物纹样的青铜与其他材料制作的礼器为主这上面可以窥见一斑。（关于动物纹样在人神沟通上的作用，见拙作《商周青铜器上的动物纹样》，《考古与文物》1981年第6期。）从这个观点来看，在时代上较早期的葬俗与魂的关系似乎较为密切，而到了晚期即西汉以后则对形魄更加重视。如果如此，上述余英时先生南魂北魄混合的说法，便需加进一步的考虑了。但不论南北早晚，中国古代葬俗对魂魄两者都是加以照顾的。自早期开始的竖穴土葬便是为形魄安宅，而历代随葬品上的艺术表现也从不缺如人神沟通的象征意义。

中国古人对死后命运的关注，可以说明中国古代厚葬习俗的存在理由，但为什么在墓葬中发现的精美艺术品在墓葬以外的遗址中很少发现呢？我相信这是考古学上偶然的保存与否的现象。

《史记》上说殷纣王"益收狗马奇物，充仞宫室"。武王伐纣时，《逸周书·世俘解》说"得旧宝玉万八千，佩玉亿有八万"。司马迁记项羽入秦都咸阳，"烧其宫室，虏其子女，收其珍宝，诸侯共分之"。由此可见，三代秦汉时的宫室宗庙中也是富有珍宝的，但朝代一旦衰落，宫庙便常被掳夺一空。除了偶然的遗存，如周原的青铜器窖藏和广汉三星堆祭祀坑一类以外，中国古代美术精华就靠古人厚葬之风而部分幸存到今天，供我们做研究古史的宝贵资料。

《先秦考古学》* 张序

林寿晋先生在中国考古学上的贡献是多方面的；他在东周考古学上的研究成果尤其使他在中国考古学史上要占有一席不朽的地位。

东周考古在中国历史考古学史上开始最早；河南新郑和山西浑源李峪村两批古墓的铜器都是1923年出土的，比安阳殷墟的发掘要早5年。新郑与李峪的铜器传世之后，很快地引起学界对东周青铜美术的密切注意。但东周时代长，文化种类复杂，它的遗址遗物的断代问题一直难以掌握。1954年到1955年，中国科学院考古研究所发掘了洛阳中州路（西工段），根据大量的东周墓葬把自春秋中期一直到战国晚期铜器、陶器的形制与类型结合关系的变化拟定了一根适用范围较广的标尺。考古所在1956年到1957年又在河南三门峡市上村岭发掘了虢国墓地；虢国在公元前655年被晋国灭亡，所以这片墓地中的遗物，很清楚地可以放在平王东迁（公元前771年）到灭虢之间这120来年之间，可以作为春秋早期遗址遗物的代表。这两处遗址的发掘与研究，首次建立了中原地区东周考古学上一个可靠的年代学的体系。上村岭的发掘是林寿晋先生主持的，

---

* 香港中文大学出版社，香港，1991年。

发掘报告是林先生一手编撰的。洛阳中州路（西工段）遗址的发掘研究和报告的编写，林先生也是主要负责人之一。林先生通过这两处遗址的发掘、研究与报告，对中国考古学的贡献是不能磨灭的。他个人考古研究的范围与题材很是广泛，但他最重要的论著如对东周青铜剑的研究（1962、1963）与《战国细木工榫接合工艺研究》（1981）都集中在东周考古学的课题上，显然不是偶然的。

林寿晋先生1952年在燕京大学历史系本科毕业，1954年自北京大学历史系考古专业研究生部毕业。嗣后林先生一直在北京考古研究所服务。自1954年到1966年止，林先生的田野考古足迹遍布华北，他所调查研究的遗址包括吐鲁番的高昌（1956）、后川（1957—1958）、李家窑（1958）、七里铺（1958）、安阳殷墟（1959）、侯马（1963—1964）和临淄（1964—1965）；研究的时代范围自新石器时代一直到东汉。"文革"末期（1974）林先生以归侨身份移居香港，次年受聘到香港中文大学历史系任教，同时整理旧作，并从事中国考古学的一般研究。逝世以前正在积极推动香港地区田野考古的研究教学计划。

我与林先生相识自1975年始。1982年林先生来哈佛大学研究讲学一年，使我有机缘与林先生和夫人薛葵珍女士相过从，对林先生学识之深广与为学、教学之认真，非常景仰。他这本自选的考古文集，未能在林先生生前出版，令人感伤。但如今能借这本文集的出版使林先生为下一代的考古学子提供从事研究写作的楷模，也可令生者稍感欣慰。

1991年1月22日

《李亦园文化论著选集》序

四十多年以前大学时代的同窗李亦园先生最近写信告诉我他的故乡福建省的海峡出版社正要出版一本他的学术论文的选集，希望我给它写一篇短序。李先生是研究文化人类学的，而我是专攻考古学的。但是由于我们四十余年来的密切接触，我相信我能了解李先生学术成果在中国人类学甚至在一般社会科学的发展上的若干意义，可以借这写序的机会简短地写下来请读者们指正。

这几年来，我多次提出中国历史研究（包括用考古资料建立起来的史前史的研究）在验证甚至发现社会科学上有关文化与社会变异与演进的一般法则与规律上的重要意义。这是因为西方社会科学法则与规律是根据西方历史经验所推演出来的，而中国的历史经验与西方的历史经验是同，是异，还是有同有异，还是一个有待深入与广幅研究的问题。中国研究在一般社会科学上的这种重要性，在文化人类学的范围之内可以说是更加显著的了。中国一方面是多民族的国家，在文化与社会现象上呈示着许多意义重大的变异性；另一方面它又包含了人口在全世界占首位的一个族群，即汉族。而汉族文化在占居地域的广大、历史时间的深度，与内部成分的复杂上，也在全世界的族群中是占首位的。很显然，不论是在众多族群的研究上，还是在汉族文化社会的研究上，文化人类学者在中国这个范围内能对社会科学一般法则与规律上做重要贡献的潜力可说是无穷的。

因为我不从事文化人类学的专门研究，不熟悉世界各地这门学科的进展与成就，但我知道台湾的文化人类学者在汉族文化与原住民族文化的研究上，都做了很多的工作，在方法与理论上有所创新，更收集了许多宝贵的资料。这些工作从日本占据台湾时代便已开始，光复以后在前辈民族学者如凌纯声、芮逸夫等先生的教导之下，尤其是通过中央研究院民族学研究所的创立，文化人类学在台湾更得到了长足的进展，在今天我觉得可以无愧地宣称台湾为文化人类学研究的中心之一了。

文化人类学在台湾有今天的地位，李亦园先生的功绩是值得大书特书的。李先生是凌纯声先生在1956年创立中央研究院民族学研究所筹备处时代老班底的一员，也是其中到今天还在民族学研究所工作的惟一的一员。文化人类学在台湾的现代化，是在李亦园先生继承凌先生领导民族所的时代开始加速的，在凌纯声、芮逸夫等先生以中国现代少数民族和古代民族史为主要研究对象所奠下的学术基础之上，李先生将文化人类学大力扩张到汉人和华侨社会中去，有意义地扩充了研究的范围与问题的多样性。在李先生的带引之下，民族学研究所又开创了与相关学科做科际合作的风气；这方面的例子可举聘请杨国枢先生入民族所促成心理学与文化人类学在许多研究计划中的结合，和通过1971—1975年"浊大计划"与考古学、历史学及其他学科的合作。更值得特别提出的是李先生对应用人类学的提倡，通过许多个案指出文化人类学的纯学术研究在当前文化、社会上实际问题上的意义。由于李先生在台湾大学和清华大学任教多年，今日台湾文化人类学界中活动的主力学者，有很多出于李先生的门下，所以李先生在文化人类学上研究的新方向对这门学科在台湾现状的形成，有了很大的影响。这本选集对展现李先生研究学问的路数有相当的代表性，希望它的出版对海峡彼岸的文化人类学同工学者也能有些有建设性的参考作用。

      1991年2月25日于美国

《台湾的传统中国社会》* 序

陈其南先生将他 1975 年以来有关台湾史研究的论文整理成书，题名为《台湾的传统中国社会》。我因为对他这个研究的经过与论文的内容很熟悉，同时对他的学问十分钦佩，所以很高兴地写几句话来志记我的欣悦。

如陈先生自己的序言所说，这本书所代表的研究是属于中央研究院与台湾大学考古人类学系合作进行的"浊水、大肚两流域人地关系多学科研究计划"（简称"浊大计划"）的一部分成果。1971 年到 1975 年这 4 年之间，我有幸得以参与推动这项研究计划，其中的民族学组在中央研究院民族学研究所李亦园、王崧兴等先生领导之下，从事了许多意义深远的社会人类学研究，其中有好几个直接涉及台湾史的研究，他们广泛地用社会人类学的观点与方法来处理一般属于历史研究的问题。我觉得他们所获得的成果相当丰硕，读者也可以从陈其南这本书得见端倪。

陈先生这本书分别从几个方面来探讨清代台湾汉人社会的性质。首先，他把清代台湾社会的政治控制和移民背景的关系很概要地勾勒出来之后，即分析这些移民在台湾的拓殖过程。

---

* 陈其南著，允晨公司，台北，1987 年。

他一方面秉承过去学者的研究，确定了早期"垦首制"的开垦形态，另一方面则探讨了台湾地区特有的大小租关系在各个不同阶段的起源过程及其性质。这些有关土地经济问题的讨论都扣紧了当时的社会经济史大环境，并指出它们在结构上的含义。这一点也许是本书较为突出的特点。

接着，作者即转到社会结构变迁的主题上。陈先生的分析主要是建立在三个基本的结构指标上面的：一个是汉人的祖籍分类意识，一个是民间信仰的寺庙祭祀圈，一个是血缘宗族的发展形态。这些个问题在过去均有不少学者分别做过深入的研究。但是，本书很可能是头一次将这些个问题整合起来，嵌在一个较为广泛的历史社会架构中做深入探讨的作品。这样的研究不但使过去学者对这些个别问题的研究成绩及其重要意义更能清楚地展现出来，而且陈先生也从中导出了一个颇受注意并且引起争论的"土著化"概念。最后一章更加入其他学者的研究，与李国祁教授的"内地化"理论做比较分析。据我所知，这些问题仍在热烈讨论中。显然，台湾史的研究已经在这些不同研究取向所结合的影响之下，显现出前所未有的活力，这是令人觉得鼓舞的。我对这本书的出版特别感到欣悦的另一个原因，是它在很真实的意义上，不但指出了中国社会人类学的前途，并且指出了社会人类学可能应该走的方向。本书大量使用了有历史深度的可靠资料来讨论社会经济与文化的变迁形态和动力，很清楚地为社会人类学这一类的研究开辟了一条新的途径。像移民社会的"土著化"这样有广泛意义的社会人类学问题，如果仅从现代社会的调查入手是无法谈，也看不到的问题。

社会人类学自从在西方诞生以来，所研究的对象，主要是没有文字和历史记载的社会，因此它所发展出来的一些有关社会文化变迁的理论系统和研究方法，都基于所研究的对象没有信史这一前提。数十年来，社会人类学者把西方这一套方法和理论介绍到中国来，一直还没有机会处理如何将这些理论与方法，和一个有悠长文字记载的历史社会相结合的问题。向来研究汉人社会（尤其是台湾汉人社会）的中外人类学家，也都以当代的社会现状为研究对象，而很少涉及如何将台湾汉人的社会人类学研究与台湾史研究相结合起来，以及结合起来以后这种研究对社会人类学这门学科在理论和在方法上可能有何新的贡献。实际上有不少人已逐渐意识到，目前在整个社会人类学的领域之内要做崭新的、有创造性的贡献，惟一可见的机会，是如何针对像中国这样有历史时间深度的社会，利用其文献资料来研究文化社会变迁的问题。把社会人类学与历史研究结合起来，一定对彼此都会有所启发。

关于台湾汉人社会结构变迁的讨论（土著化？内地化？抑或其他形态？）我没有做过深入的研究，不过我相信这个问题的进一步探索应该采取比较研究的途径。社会人类学的原理原则，不能仅靠单一个历史经验的概推，而需靠多个历史经验比较，然后再做综合。对于台湾汉人研究而言，东南亚及其他华侨社会可能是一个很值得参考和比较的对象，我们不妨进一步仔细研究每一个个别华侨社会的移民史。各个区域的华侨社会可能都经历了不同程度、不同性质的转型过程，若加以比较研究并且探究各个华侨社会造成不同转型过程的各种因素，我相信这是进一步了解和解释台湾汉人社会发展形态的必要程序。可是这类进一步的研究，需要我们从事较大规模的设计与作业程序，这也许是今后我们应该共同努力的方向。

1986 年 9 月 21 日在香港

《台湾考古学书目》* 序

自从粟野传之丞先生在1896年在台北芝山岩发现石器以来,台湾的考古学已经有近一个世纪的历史了。臧振华、刘益昌等先生所编辑的这本《台湾考古学书目》可以代表这近一世纪以来台湾考古学上的丰富收获。作为台湾考古工作者,我们面对着这本书是会感觉到一定程度的骄傲的。

自从1951年参加台北圆山贝冢的发掘以来,我自己从事台湾考古学的研究也有四十年的历史了。这四十年间我一直在美国教书,而且以黄河流域的青铜时代文明为重要的研究对象,但我一直没有离开台湾考古学的岗位,在60年代、70年代和80年代都与台湾的同业携手一起,对台湾考古学进一步的发展尽了我的一份力量。这是因为台湾考古学对我而言,一直有着不可抵拒的魅人的力量。这魅人的力量的来源,一部分自然是故乡的召唤;但更大的部分是台湾考古学的重要性和复杂性的吸引与挑战。

台湾的面积很小,但它的历史发展却具备了全世界绝无仅有的许多客观条件的结合。它的岛屿环境,在北回归线上的位置,与东亚边缘最高山脉的存在,造成它生态资源的丰富和系

---

* 臧振华、刘益昌等编。

统的复杂，使台湾成为一个文化生态学研究上一间设备齐全的实验室。它与中国大陆、东南亚和大洋洲的地理关系，使它的历史发展过程一方面在区域发展史的研究上有重要意义，一方面又在文化接触与民族迁徙的研究上也有重要的意义。岛上的众多的文化丰富的属于南岛语系的原住民族，使台湾在史前文化与现代文化的连续性的研究上，与在南岛语族的起源的研究上，都占有首要性的地位。三国以来，大陆汉族文化与本岛原住民族的接触关系，与明郑以来汉人移民岛内与原住民族的接触同化的过程，又使台湾的历史考古学在中国与世界的考古学上占有特殊的地位。由于这种种因素，台湾考古工作者要面临许多重要而又复杂的学术问题。近一世纪以来的考古工作对这些问题的解决只能说刚刚开始。

最近二十几年来，台湾经济发展猛进，成为亚洲四个"小龙"之一，这是值得庆幸的。但在经济建设的过程中，台湾的生态系统、考古资源与原住民文化不可避免地要受到很大的威胁。专从考古工作者的立场来看，固然过去的成果值得骄傲，但瞻望前程，我们更要有强烈的责任感和与时间竞赛的决心。所以这本书目不但是过去百年来的总结，而且更是进一步起步的基线。

1991年4月7日

《台湾历史上的土地问题》* 张序

这本《台湾历史上的土地问题》，是中央研究院台湾史田野研究室第一次主办的一个国际性台湾史研讨会上提出来的论文的集子。出席这个历史学研讨会的学者，不但来自好几个国家，而且来自好几个不同的学科。这表示台湾史的研究，已经超过地方乡土的范围而成为国际上很活跃的一门学科了。这也表示今日台湾史的研究，即使是在一个核心性的历史题目即土地问题上，它也已朝向科际整合的方向前进了。这都是台湾史的研究在学术界逐渐成熟与上升的象征。

这次研讨会的召开与论文集的出版，也是本院台湾史田野研究室趋向成熟的征象。研究室成立初期的工作，以史料的收集与保存为主，因为这在史料逐渐消失的台湾经济迅速建设的时期是当务之急。但成立这个研究室的终极目标，还是企图促进史学的发展，尤其是企图借中央研究院丰富的人物资源，与台湾史界同人携手合作一起提高台湾史的质量与水准。这个研究室主持了一次国际会议，并不等于它就达到了国际水准。但这是以一个历史核心题目为主题的研讨会议，它标志了一个良好的开端。台湾史上值得国际学者继续研讨的题目还多，希望

---

* 陈秋坤等编，中央研究院台湾史田野研究室论文集（1），1992年。

台湾史田野研究室的同仁继续不断地推动这一类的工作,使台湾史对世界史上一般的问题有独特的贡献。

作为台湾史田野研究室的催生者,我藉这本书的出版向六年多以来对研究室的建立与发展大力支持与推动的吴大猷院长和历史语言研究所、近代史研究所、民族学研究所及中山人文社会科学研究所四所的所长和同仁表示衷心的感谢。

1993 年 1 月

《中国史前考古学史研究（1895—1949）》[*] 序

《中国史前考古学史研究（1895—1949）》这本书本是中国社会科学院考古研究所陈星灿先生 1991 年在社科院写就的博士学位论文。陈先生写这篇论文的指导教授是同在考古所工作的安志敏先生。看见了安先生的名字就知道陈先生做这篇论文最为要紧的第一步，就是选导师，是走对了。安先生是 1949 年以前从事研究中国史前史的学者中年纪最轻的，所以在四十二年以后的 1991 年，他的学生陈星灿写毕业论文的时间，安先生不但是硕果仅存的极少数 1949 年以前做过史前考古中的一个，而且是惟一一直到 1991 年还连续地在做中国的史前考古的考古学者。陈先生有安志敏先生这样的导师来做这个题目，就好像西汉的欧阳和夏侯那几位学生有伏生这位在先秦生活过的老师来教他们先秦史似的。与伏生不同的一点，是安老师还有这四十二年间的新材料。他在指导学生时，比伏生的知识面要广要深得多了。

陈先生找到了一个好老师，安先生也找到了一个好学生。我教书到今也已三十五年了，中国、外国的高水平的研究生也见过不少，不过像陈先生这样献身于学术，对身外之事一律不

---

[*] 陈星灿著，北京，三联书店，1997 年。

在意中的书痴,还没有见过第二人。要勉强比较,只好把我自己在大学时代的几年,还算纯洁,尚未给名利熏心的时代,拿出来与他比一比,还有些相像。说这样的话也许太抬高自己的身价,但只有这样说才能充分表现出来我对安先生羡慕的程度。古代的圣人可以"得天下之英才而教育之"为人生之大乐,今天的小教书匠却很难得到这一乐,因为今日天下的英才很少学考古的。

将陈先生叫做书痴,恐怕是他没有想到的,我也不知道有几个人同意我用这个名词来称呼他。如果书痴等于书呆子,除了死读书以外什么都不行,那么陈先生显然不是这样的人。但是我对书痴有一个特殊的定义,就是凡是写考古学史的人就是书痴。考古学的书多半枯燥无味,而过了时的考古学的书更无法看。(我自己出了一本英文写的《中国古代考古》,从1963年以来已出了四版。第一版到第三版,现在连我自己都看不下去。)所以我早就推论出来,写考古学史的人一定是非常喜爱书籍的,嗜书成癖,买了一本看一本,过了时的旧书也照看,这样的人才有资格称为书痴。够资格称为书痴的人,才能够写考古学史。卫聚贤先生是我的大师兄,他一生以出怪论为著,我一生所最钦佩的读书最多的人就是他,有两部中国考古学史为证。陈星灿先生要写博士论文,写什么题目不好,偏偏要写1895年到1949年长达54年之久这一段考古学史。我还没有见到陈先生本人以前就判定他一定是个书痴,爱看书、看了不忘、书旧了也舍不得扔,而且除了念书之外没有其他的嗜好。后来,美国的哈佛燕京学社在1992—1993年请他到哈佛大学来访问一年,我才有认识他的机缘,证实了我对他的爱书的性格的判断。

最初与陈先生相识的时候,还没有看到他的学位论文,只看过他所写的一些比较理论性和题目比较大的文章，觉得他在我所知道的中国年轻的考古学者里面是出类拔萃的。中国考古学界，自从1949年以来，就不重视考古理论；这里面原因很多，有机会再详叙。在这一段时间里，年轻的考古学者，也很少找个大题目发挥意见的。陈星灿先生便不合这个模子；他居然广泛地讨论中国史前时代的乐器、中石器时代、"新考古学"，甚至考古学的现在与未来！我一方面对这个作者像很多年轻人一样也陷入了"大题小作"的圈套感觉可惜，但另一方面也为他的宏大气派而暗暗喝彩。

陈先生到哈佛一年，始终没有提到他的博士论文，等到回国前夕，才告诉我他有这本书，而且要出版了。看了他这本书以后，知道过去对他小作大题的担心，全是不必要的。这个年轻人是可以大题大作的。（不过我还是希望多看看陈先生大作几个小题。）

他这个博士论文题目当然不是惟一做博士论文的好题目，但它是任何人要想了解1949年以来中国考古学每一件特征的来龙去脉必读的读物。例如，要是讨论下面这几个意义与重要程度不一的题目，没有1949年以前的历史知识能行吗？

中国文化外来说为什么引起中国学者强烈的反感？

为什么近十年来的学者对"中国文明是如何起源的"这个问题仅仅限制在"中国文明是从什么地方来的"这个问题上来理解？为什么不讨论文明前的社会产生文明的内部的动力的问题？

1949年以来对于中国上古史分期的看法是怎样来的？上

古史分期问题的重要性在哪里？

1949年以前中国考古学者所奠下的考古学方法论的基础，一般都说是以层位学和类型学为最坚实丰富。假定这是对的，为什么如此？中国考古学今天所用的术语，是怎么样产生的？中国史前时代陶器分类的传统是哪里来的？

马克思主义考古学应有什么样的重要特征？1949年以后的中国有没有马克思主义的考古学？

自《河殇》以来将中国文明的成分分成"大陆文明"和"海洋文明"两大脉络的看法，有没有1949年以前的基础？

为什么夏鼐先生对于考古学理论没有兴趣？他一直到逝世为止坚持不准外国人到中国来做田野考古工作，这有什么历史上的原因？有人说他在生前与苏秉琦先生之间对中国考古学的看法，有基本上的矛盾。如是事实，当如何解释？

安阳殷墟和房山周口店两个考古遗址的发掘对1949年以后考古学的发展有什么样的影响？下列人物对1949年以后中国考古学的形成起了什么样的作用：安特生、德日进、李济、梁思永、吴金鼎、卫聚贤、鸟居龙藏、施昕更、水野清一、步日耶？

以上这几个问题不过是几个例子。这几个例子应当可以说明要彻底了解今天的中国考古不能不知道中国昨天的考古。从1895年到1949年这一段时间，在中国考古学史上是一个承先启后的大转变阶段。在这段时间以前,中国有金石学或古器物学,但还没有开发新资料的田野考古学。新的史料一旦出现就不能停住,新问题也层出不穷,历史的面貌就全部改观了。田野考古学是从西方传过来的,所以考古学在中国的大转变是与中国社会文化的西化一起发生的。它在中国产生的环境、因素与各种变数,因此是非常复杂的,它的发展史在初期是比较缓慢的。陈星灿先生在这里将它的千头万绪梳理得清清楚楚,将它初期很痛苦的学步过程和所犯的错误,与它的光荣业绩,都一起摆在读者的面前。我也写过考古学史的文章,也深深知道做这一步工作所需要的功力,尤其知道为了历史的完整性所必须参考的文章书籍的数量。所以我在一开始时就说过不是个书痴的人就不会写考古学史。看了这本书,又与陈先生相处了一年,对他的认识深入了很多,知道他果然是个献身于读书的人。换句简单的话说,他是个纯粹的学者。从大陆来到美国的访问学者,有不少位借此为桥梁,就留下来不回去了,即使转行改业,在所不惜。陈先生不但是书痴,还是考古痴。要做中国考古当然要在中国做。所以陈先生根本就没有严肃地考虑过在美国久居不归的念头。本想应我之邀再在哈佛读一年书,不意不能得到服务单位的同意,于是便回去了。我希望陈先生能够在国内看得到他心爱的书,再将像这本书这样水平、这样重要的书,一本一本地写下去。毫无疑问,陈先生不但是个写史的考古学家,而且是个创史的考古学家。如果他在不久的未来不能在他自己或是别人所写的现代考古学史里面出现,那时现在笑他回国的人就会对他、对我说:"I told you so."但是我愿意跟任何向我挑战的人打赌:这些人绝对不会有说这话的机会。

《台湾平埔族文献资料选集——竹堑社》* 张序

中央研究院自 1986 年夏季开始有组织、有计划地从事台湾史的研究，它的一个基本目标便是台湾史史料的收集与保存。在同年底出版的《台湾史田野研究通讯》的发刊辞，我们曾说过"在台湾的史学家为台湾史料所环绕，在'动手动脚找东西'上，有天时地利人和之便，如果集中做台湾研究的田野工作，不但能够扩充研究台湾史的材料，而且可以直接刺激中国史学的进展。同时，台湾经济建设猛进，地上地下的史料面临湮没的危机，收集保存史料，也是积极进行台湾史田野研究工作的另外一个基本考虑"。这话说了六年多以来，本院台湾史研究同仁，打着台湾史田野研究室的招牌，真真正正地从事了许多田野工作，收集了许多地上地下的新史料，专就古文书来说，迄今已收集了五千多件。

不消说，史料的收集并不以收集为惟一的目的。收集是第一步，目的只是将它保存下来，保存了史料以后的第二步

---

* 张炎宪、王世庆、李季桦主编，中央研究院台湾史田野研究室史料丛刊系列之一，1993 年。

工作是整理，再下一步是研究。收集、整理、研究也不是三段互不相关的先后工作程序，而可同时并进，互相刺激。张炎宪、王世庆、李季桦三位编辑的这本《台湾平埔族文献资料选集——竹堑社》是台湾史田野研究室所出版的第一本对资料整理与初步研究的结果。在本院台湾史研究这个小天地之内也有它自己的里程碑的意义。所以张先生要我在这本书前写几句话，我便欣然应命。

这本书收入了有关台湾平埔族道卡斯族竹堑社（在今新竹县市境）的原始文献资料。其中年代可以确定者，最早的一件是雍正十一年（1733），最晚的有几件都是明治三十四年（1901）的。书中文书契据290件，文书中大多是本院台湾史田野研究室自己采集的。其余的采自院内院外各公私收藏品及过去出版的汇编。除了这些原始资料外，本书还收录了清代和日据时代官私地方志书与游记等有关竹堑社的记述描写。

张炎宪等编辑的这本书不但是研究竹堑社历史的一座宝库，而且相信它的出版对整个平埔族的研究，与汉人开发过程中与平埔族交往关系的研究上，都会有非常重要的贡献与影响。张先生在《历史文献上的竹堑社》这篇论文里，便将这笔材料中所含的好几个重要历史问题的线索明指出来了。这几条线索，尤其是汉人与竹堑社互动关系，不但在台湾史上是重要的问题，而且都可能包含着史学与社会科学上一般性的意义。希望早日看到张先生在这些方面的更进一步的研究。

1993年2月

二　大题小作

在学术上迎接 21 世纪*

今年 7 月 7 日在中央研究院第 18 次院士会上全体院士通过了一封写给总统李登辉先生的信,对推动台湾的学术发展有所建议。信中下面这几句话,对所有从事学术工作的人都应有所启发:

> 展望前途,尤其远瞩 21 世纪的发展,深感今日中华民族正面临史无前例的机会与挑战。现代世界学术发展,突飞猛进,一日千里,如我国不迅速积极发展学术研究,势将不能面对国际竞争,也不能重建中国文化在世界上之地位,更不能维持国民经济的迅速成长。

信里面对中央研究院在这方面的需要,有具体的建议。但这封信所涉及的大问题,则是每一个中华民族的成员——或至少其中从事学术工作的成员——都值得拿来检讨一下的。面对这个"机会与挑战",我们应当如何在学术上迎接 21 世纪的来临?

这是个大问题;就从事学术工作的人来说,再没有比这更

---

* 原刊《中国时报》副刊《人间》,1988 年 7 月 15 日。

大的问题了。教书三十年以来，一直劝诫学生的，是千万不可"大题小作"。可是这个大题只能小作。我们在这个题目上只能发挥一点老生常谈式的看法，但"老生常谈"也有不同的意见，所以表示一下个人的立场并且略做说明也便可以将在这题目上的讨论带往一个方向去。

要回答这个大问题，我们不妨问一个具体的小问题：在通过我们的下一代的教育而为他们准备迎接 21 世纪这上面，人文社会科学应当占有什么样的地位？

"成绩好的学生多念理工医"，这条颠扑不破的真理恐怕由来已久，至少在我自己上高中分组时便是如此，那已是四十多年以前的事了。近三十年来在美国大学教书，眼看华裔子弟在大学本科录取的人数一年比一年增加，到今天在我教书的私立大学里已占有十分之一以上的比例了，这在我这个华裔教授看来，自然是个可喜的现象。但是这些学术优异的华裔子弟中间十个有九个是专攻理工与医预科的。从与他们闲谈中又知道，他们的父母在他们科系的选择上常常发挥过很大的作用。首先，他们的父母本人便常常是学理工或医学的，在家自小耳濡目染之下子女长大以后也不免倾向理工医学。有的子女对文史有兴趣，但在父母的怂恿或压力之下也转到理工医学去了。这些"父母"们有不少是来自台湾的，所以我们在美国若干大学中所见华裔子弟之轻文史重理工医的现象显然在很大的意义上是台湾同样的现象的延长。十几年来，我在大陆的大学里面访问多次，与大学生们也谈过不少次，也看到类似的现象，只是不如台湾之烈。

理工医等自然科学技术研究的重要性是显而易见的；这方面的研究自有史以来对人类生活的贡献也是显而易见的。今天物质生活水平之高，多靠科技之赐。几十年来全世界大部地区人口寿命明显延长，也是靠科技之赐。科学技术在21世纪一定不停地进步，而且是做加速度的进步。中国如不加紧赶上，不要说不能跻身于大国之林，就连基本的生存都会发生问题的。

但是21世纪对我们从事学术工作的人的大挑战，我相信不是在科技的赓续发达，而是在如何有效地掌握科技的发展与有益地运用科技的成果。要达到这些目的，我们需要在社会制度与人文价值的研究上做根本性的贡献。21世纪的问题，现在已经可以看得出来的，是科技的发展，一定比现在的还要迅速，跑到对它的成果能够有效、有益地运用的社会制度与指挥那社会制度的人文价值的前头去了。从下面这几个例子可以看出来下世纪的大问题不是科技的问题而是人文社会的问题：

一、核子能源的和平使用与安全使用。
二、讯息系统飞跃进展之下对个人权益的保护。
三、医学进步使寿命延长而引起的老人问题。
四、促进农产的化肥与农药长期使用所引起的土地贫瘠与河海污染。
五、造成现代工业革命的植物化石燃料所致的大地臭氧层的消耗及与此有关的气候变化与海岸线变迁。

这一类的例子还可以一个个举下去，而它们显然不是枝节性的而是有关人类的存亡的问题。21世纪的人类，也就是我们的下一代，他们面临这些问题是需要有答案的。有人一定会说，这些问题的答案是更多的科技、更好的科技。但也有人说专凭科技是不够的；我在7月21日的《中国时报》上看到台湾省清华大学的沈君山教授在为担任行政院政务委员而发言时表示"未来科技发展不宜再有独尊技术的做法，而应该与多元化的社会价值适度调和"。作为政务委员的物理教授有这种看法，使人对台湾的前途感到乐观。我完全同意沈教授的话。我要再加一句：不但要与多元化的社会价值适度调和，而且要受以人类福利为目标的社会制度的控制。

什么样的价值？什么样的制度？从人文科学、社会科学的研究上提供一些答案出来，这正是从学术上迎接 21 世纪的当务之急。

"天人合一"的宇宙观与中国的现代化 *

我谨代表今天接受荣誉学位的各位同人,向香港中文大学表达深切的谢意。我们之中有的是中文大学的朋友,有的是它的成员。今天在这里接受这所我们所爱慕的学府颁授的殊荣,我们都感到万分荣幸。

这个荣誉学位对我们来说,既是已有成就的奖赏,也是继续作出贡献的激励。香港中文大学本身象征着许多意义,作为一所大学,它首先当然代表教学和研究。但在我看来,它更体现一种历史进程。这个历史进程自鸦片战争(1840—1842年)以来便一直存在,是中国近代史中大多数重大事件的根源,而且将可能决定中国的命运。我所指的,就是中国的现代化,也就是中国向西方学习的过程。中文大学在香港这个殖民地建立,因缘际会,成为人类历史中两大文明,即中国文明与西方文明的交汇点。因此,研究关于中国现代化的重大问题,中文大学是最合适不过了。它有足够的条件,成为这项研究的领导者。

中西文明为不同的原则所支配

如何依照西方的模式,将中国这个古老的国家现代化,

---

* 原刊《香港中文大学校刊》,1990年秋冬。

是近代中国的政治家与思想家争论不休的论题。作为着眼数千年前的中国的考古学者，我不敢冒昧谈论现代中国的问题，尤其不敢在这样一篇简短的讲辞里讨论。但是我可以指出，中国与西方这两大文明，从肇始已基本为不同的原则所支配。中国文明，起源于上古的夏、商、周三代，当时的物质财富，正是发扬这文明的基本条件；而要积累并集中这些物质财富，又有赖于掌握及运用政治权力。至于西方文明，乃起源于古代的美索不达米亚，它当时的财富得以积聚，却有赖于应用新科技，并通过贸易加强对各种资源的运用。历史上，中国与西方都经历了迂回曲折的变化过程，但，很概括地说，过去数千年，在财富的产生与人事管理上，中西两者一直保持着两种不同的方式，即政治方式与经济方式。如果没有外来的干扰，中国今日可能还在走它自己的道路。在悠长的历史中，这条路时而导向兴隆，时而导致衰败。我们无法估计一个假设未受过外界干扰的中国，今天会是一个富强之邦，还是衰弱之国。

中国现代化成功的关键

我们无法做出估计，是因为中国没有机会做出抉择。如历史学家黄仁宇教授最近所指出的，西方资本主义的扩张与由之而来的接触，使其制度与观念之传播难以抗拒，因而迫使中国走向现代化。这个现代化性质之彻底与规模之巨大，黄仁宇教授称之为一次"革命"，并且预料这将是一次长期的革命。这些看法是合理的。而一场革命要取得成功，必须要有蓝图。近代政治家与思想家已经提出各种蓝图，但显然没有一种证明是完全有效的，否则我们就不必再讨论这个问题了。

其实中国现代化成功的关键毫不神秘：既要保留传统文化

的优点,又要采纳西方文化的优点。而问题是究竟哪些是"优点"及"如何"给以保留和采纳。传统文化中的优点是什么?如何保存它们?西方文化的优点是什么?如何采纳又不致扰乱中国人保留传统优点的愿望?这些都是难以解决的问题。例如,西方科技对延长中国人的寿命与提高中国人的生活水准肯定有贡献。中国能从更多的、更进步的西方科技中受益,也是不成问题的。可是中国能否在持续输入西方科技的同时,又不破坏"天人合一"这个传统的重要宇宙观呢?或用现代术语说:能否保存中国传统生态系统的完备呢?又例如,现代西方市场经济手段能够刺激创业者的创造观念,并且能够对这些创造观念给予奖赏,这是肯定的。但是一旦我们也采取这种手段,又能否不致破坏中国传统所尊重的,既合理性又成体系的人间秩序呢?

从我提出这些问题的理路与方法,各位可以清楚地看出,我作为一个考古学者,相信数千年来,人们对宇宙和对人间秩序的安排,一直有两种不同的方式,而我并不相信这两种方式中,有一种完全胜于另一种。我对中西文明之对抗,及其中之一可能被迫同化感到忧虑。

从中西不同观点看人类与自然的关系

我的忧虑有许多原因。但最使人担忧的,是中国传统的核心概念与西方的价值观念明显的不协调。中国传统的"天人合一"概念,建基于人类和自然之间一种和谐的关系,建基于传统文化行为的一致性,这些行为表现在农业、建筑、医药、畜牧、烹饪、废物处理以及物质生活的每一方面。而西方观念却不然。剑桥大学迪斯耐考古学讲座教授柯林·任富儒教授把"文明"这个概念,界说为人类达到高于动植物,而能将自己与其他自然物区分开的文化水平。这个典型的西方观点，显示人类是自然的征服者，而且把自己放在高于自然的水平之上。西方人的确达到这个目标了。他们的工具，就是改变自然的技术，与重新分配自然资源的贸易。

西方文明以技术和现代化贸易（即资本主义的市场经济）双管齐下而迅速发展，它是否已经严重地改变了天人之间的和谐关系呢？世界上的科学家早已警觉到，标志先进西方文明的所谓"经济发展"，带来了一连串的问题，诸如"温室效应"、空气与水的污染、"核子精灵"、耕地的荒废及肥料流失、水荒、毒性废料等。

我在这里再举一个日常生活的例子。在标志美国保护用户利益的《消费者报告》1990年8月号中，有一段关于牛肉的推论："占全世界人口1/20弱的美国，吃掉的牛肉占全球产量的1/4。……如果美国人大量减少吃牛肉，情况又会如何呢？现在种植谷物以喂牲口的土地，可否用来种植其他粮食作物，以养活世界各地的饥民？理论上是可以的。但是减少牛肉的需求，不一定导致其他粮食的增产，或给饥民生产多些食物。生产其他作物一定要有市场的需求，而且也得有人承担为饥民种植粮食的经费。否则原来的玉米田，照样会休闲，或是用来加建房屋。"

这篇牛肉的论述，并没有什么深义或是独特之处，这只不过是常识，令人想起爱尔兰马铃薯的老故事。在经济社会里，人类与大自然的接触，不可能不受经济的干预，这种经济的干预，通常建立在社会中不同群体之间的实质利益上，而绝不会建立在全人类的生存利益的基础上。热带森林往往被夷为平地用以牧牛，供应肉食；这样，牛肉与热带森林，正是鱼与熊掌，怎可兼得？

中国应如何抉择

还是让我谈谈中国的情况罢。西方模式的经济发展，对提高中国人民生活水平，的确产生短期的奇迹，所以它似乎是中国人所要求的。任何一位中国统治者，都会把更多更大型的科技，以及市场经济包括在其管治蓝图之中，因为他们首要的任务，是满足11亿中国人吃饭的需求。可是，我们能否一方面采用新科技和市场经济，另一方面又保持我们传统上与自然和谐相处的关系呢？又能否保持我们传统的人间秩序呢？我想请教在座的环境科学家一个问题：过去几十年，工业建设明显提高了中国人的生活水准，但它有没有对我们的美丽河山，对我们的森林、土壤、空气，带来无法补救的破坏呢？破坏的程度又有多大呢？

我坚信，若要成功实现现代化，或者，实际上要国家能生存下去，中国必须既要有技术与贸易，又要"天人合一"。如果能够重新发扬"天人合一"这个概念，将可对全人类有重大的贡献。可是这个概念并非中国人专有，因为其他文明也有类似的信仰。例如15世纪墨西哥的阿兹忒克人，"把他们的都城和都城环境的关系，看作一个整合的宇宙结构，即一个有秩序的宇宙；并视其中的自然现象为本质上神圣的、有生命的，且与人类活动有密切关系的……印第安人以一种参与的意识来对待自然现象：他们视宇宙为各种生命力之间的关系的反映，而生命的每一方面，都是在一个内部关系互相影响的宇宙体系中的一部分。"（引自理查·汤森，1979）"天人合一"的宇宙观曾经是世界上许多地方人类文化的常规，理应可以再次建立它的地位。

如何贯彻天人合一的宇宙观

然而，只凭空谈并不能恢复这种传统宇宙观的地位，单单坚持正确的价值观亦不济事,还需建立坚稳的制度,以确保这些观念的贯彻。也许现在已有容许先进科技和市场经济,在"天人合一"的道德环境里繁荣起来的制度,又或许这种制度根本未诞生。但无论如何,我们都得把这种制度建立起来,或识别出来,并发扬光大。我猜想这种制度可能产生于某种民主进程中;但要将其辨认,必须在人文和社会科学范畴中,做大量的学术研究与实验。香港中文大学在人文及社会科学领域里,有许多优秀的教学与研究计划,领导研究明天中国文化中的"人"和"天",是这所大学义不容辞的责任。中大编刊《二十一世纪》双月刊,令人十分鼓舞,希望这只是同一目标下众多的新猷之一。在未来数十年间,经济发展仍备受注意,那么人文及社会科学的研究与实验,在香港和中国,特别在未来岁月里,能否得到各方面足够的关注呢?即使如我们所希望的,这方面的研究和实验得以开展,但又能否对我们上面所提出的问题,及时提供实际有效的答案呢?这些都是令人关心的。

各位毕业同学,这是我们大家共同面临的一项挑战。典礼结束后,我们就得卷起袖子,投入工作。我们要做的事太多了。

从中国古史谈社会科学与现代化[*]

最近一二十年以来,世界古史研究上的大事也许很多,可是照我看,其中意义最为深长的,是我们对中国古代文明形成的经过有了比较深入确切的了解;从这个了解去看世界古史,我们又能看到人类文明起源史上的新规律。从这新规律出发,我们对今日的世界又可能增加一层新的认识。

中国古史的新局面,是从好几方面的学术进展所开辟出来的。这中间最要紧的进展是考古学上的。中国各地大量的新发现、新研究,使我们具体地知道了中国文明起源的经过和每一个阶段的历史与内容。另外,在古文字的研究上也有突破性的进展,如周原甲骨文的发现、商周爻卦符号的发现和新研究,以及对商周王制、都制的新看法等等,都是过去所未见的。其中对古代美术品上面动物纹样的意义的研究,尤其对中国古代宗教和政治之间的关系的了解,有突破性的作用。

这一类新的研究的结果,使我们充分了解到一件事实:中国古代文明社会的产生,也就是说有城市、有国家、有文字、有伟大艺术的新社会的产生,不是生产技术革命的结果,也不是贸易商业起飞的结果,而是逐渐通过政治程序所造成的财富

---

[*] 原刊《中国时报》副刊《人间》,1986年4月1日。

极度集中的结果。具体地说，这种政治程序的成分包括：宗法制度所造成的政治等级，宗族与武力的结合，以战争为掠夺征服的工具，独占巫师用以沟通天地之法器的艺术品等等。

由于中国古代从野蛮社会迈入文明社会的过程是经过政治程序，而不是经过技术革命和资源贸易的程序，因此文明的产生在中国并没有造成人与自然的关系之根本性的变化。在意识形态上说，中国古代文明是文明产生以前的同一个框架之内继续发展下来的，其发展过程并没有破坏原来的意识形态框架。用杜维明先生的话来说，中国古代宇宙观的一个主要基调便是存有的连续："中国哲学的基调之一，是把无生物、植物、动物、人类和灵魂统统视为在宇宙巨流中息息相关乃至相互交融的实体。这种可以用奔流不息的长江大河来譬喻的'存有连续'的本体观和以'上帝创造万物'的信仰把'存有界'割裂为神、凡二分的形而上学决然不同。"（见杜维明著《试谈中国哲学中的三个基调》，载《中国哲学史研究》，1981年第1期）

如果把对中国文明产生程序的这个新的认识放到世界古史学上去看，我们很快地就能得到相当重要并非全在意料之中的两项结论。第一，中国文明之始的这种特征并不是中国独有的，而是与世界上其他古文明，尤其是太平洋沿岸各区的古文明一样的。例如古代墨西哥一带的玛雅文明，也可以说是建筑在由政治程序所造成的财富集中上面的，而且它的形成也不牵涉到重要生产技术的革新或大规模的生产资源的流通贸易。上述中国古代宇宙观里面的所谓存有的连续，也同样是美洲印第安人传统哲学的一个基调。不少人类学者主张，在美洲文明的下面有一个连贯亚、美两洲的巫教的底层，它可以说是中国文明与美洲文明的共同祖先。事实上从这个底层里面，后来萌生了不少文明社会，而它们的发展程序和动力都是相似的。

将上述对于中国古代文明的新了解，拿到世界古史上去加以比较，我们得到另一项结论：这个新了解与我们多年来奉为金科玉律的社会科学上讲社会进化的一些原则发生了根本性的冲突。照西方社会科学的一般说法——也是世界史教科书里面通行的说法——古代文明社会的产生是生产技术革新与商业发达所造成的生产原料和产品流通的结果。照这种说法，古代国家产生以后，亲族制度式微，又产生政教分离，而且文字的产生最初是为了记录货物的流通。可是中国文明产生的情形与此迥异；亲族制度与国家制度连锁起来，政教没有分离，文字最初的使用与经济记录很少关系。

这两项结论——中国文明起源程序与世界上大多数非西方的古代文明的起源相似，但是与我们一向奉为圭臬的西方社会科学所定的规律不相符合——清楚地指出中国古史对社会科学一般原理的制订上面可以做重大贡献的方向。换句话说，它使我们觉察到了一件重要的事实，即一般社会科学上所谓原理原则，都是从西方文明史的发展规律里面归纳出来的。我们今后对社会科学要有个新的要求，就是说，任何有一般适用性的社会科学的原理，是一定要在广大的非西方世界的历史中考验过的，或是在这个历史的基础之上制订出来的。退一步说，任何一个原理原则，一定要通过中国史实的考验，才能说它可能有世界的通用性。现在社会科学里面已有的那么多原理原则，如果其中有的不能通过中国史实的考验的话，我们再不能说这是因为中国历史有特殊性、有例外性的了。我们不妨慎重地来考虑这条原则可能是不完善的、是需要修正的。如果世界上的社会科学者认准了他们的理论必须通过中国史的考验，那么拥有极其丰富史料的中国史，对社会科学贡献的潜力是难以估计的。所以我在有一个场合里提到过，21世纪的社会科学可能是中国的世纪。但是中国学者若要抓紧时机，对社会科学做重大的贡献的话，头一件要做的便是把西方社会科学学好。中国史料里面与社会科学有关的种种真理，不是不言自明的，也不是闭关自守的学究所能发掘出来的。

中国古代文明与西方社会科学之间的关系的正确了解的重要性，应该分两方面说。一方面如上面所说的，它使我们看出来现有对西方社会科学的局限性和中国历史（以及其他非西方史）在社会科学上的伟大前途。另一方面，它也使我们对西方文明若干伟大的特点与它在人类历史上的突破性，增加了本质上的了解。

把西方文明从历史上向上追溯，一般我们可以追溯到公元前三四千年以前两河流域的苏美尔（Sumer）人的文明中去。这个文明的前身的宇宙观和社会制度的详情目前无法得知，但是我们推测它与同时代的东方的文化可能并没有基本上的区别。但是到了苏美尔人的时代，或到了这个时代以前不久，两河流域的历史发生了革命性的突破，此即在人类社会与自然世界之间的关系上的突破。这项突破所取的形式包含两项主要因素：其一是生产技术的革命，使用金属生产工具和构筑大规模灌溉工程，这是从技术上而不是仅透过政治的程序取得生产量的递增和财富的大量集中。第二项因素是生产原料的大规模的贸易流通，造成地方文化的彼此连锁，超越地方性自然资源的限制。这种突破可以说是人类历史上第一次自地区性自然资源的束缚中得到解脱。与此相应的是苏美尔人的宇宙观里面，出现了完全在人界之外而又具有创造性的神祇，因而在社会制度里面，出现了分立的宫廷与教廷。承袭这个传统的西方社会科学便以文明与"存有的破裂"（而不是存有的连续）相结合，把人类文明不再当作自然界的一个有机成分，而是超越在自然以外的一个人工性的产品。这个看法从剑桥大学考古讲座教授任富儒（Colin Renfrew）先生给"文明"所下的一个定义可见一斑："我们可以把一个文明的成长程序看作人类在逐渐创造一个比较大而且复杂的环境；这不但表现在透过对生态系统之中范围较广的资源之越来越厉害的利用的自然领域中，而且在社会和精神的领域中也是如此。野蛮的猎人所居住的环境，虽然已经为语言的使用，及文化中一大套的其他人工器物的使用所扩大，但它在许多方面与其他动物生存的环境并没什么不同，而文明人则居住在说来的确是他自己所创造出来的环境之中。在这个意义上，文明乃是人类自己所造成的环境，他造成了这个环境以将他自己与那原始的自然环境本身隔离开来。"（Colin Renfrew, *The Emergence of Civilization*, 1972）

这个定义所代表的"文明"与"自然"对立的观念与中国的"天人合一"这一类的观念构成鲜明的对比。这种对比在西方文明与中国以外的非西方古文明接触面上，也是可以清楚地看到的。下面这一段文字所描写的两个宇宙观的对比，不是中国和西方的对比，而是古代中美阿兹忒克人与西班牙人的对比：

> 墨西哥人（即阿兹忒克人）把他们的都城 Tenochtitlán 和它的环境之间的关系看作一个整合性的宇宙论的结构——亦即一个有秩序的宇宙，在其中自然现象被当作从本质上说是神圣的，有生命的，并且与人类的活动发生密切关系的。这种观点与欧洲人的看法相对比：后者把城市看作文明的人工产物，亦即宗教与法律制度在那里很尖锐地将人类的身份与未经驯化的自然的身份区分开来的地方。西班

牙的修道士与兵士们自动地就将作为人类的他们自己放在一个由上帝所创造的秩序之中，一个比其他形式的生命更高的层次上面。但是阿兹忒克印第安人则以一种参与其中的意识来对待自然现象：宇宙被看成是各种生命力之间的关系的反映，而生命的每一方面都是一个互相交叉的宇宙系统的一部分。（Richard Townsend, *State and Cosmos in the Art of Tenochtitlán*, 1979）

这种鲜明的对照在中国人的眼光看来是十分熟悉的，而中国文明与西方文明最初接触的情况，与阿兹忒克文明与西方文明接触的情况也是相似的。苏美尔人的文明出现了以后的五千多年期间，中西文明虽屡有接触，可是西方文明和它的宇宙观，与中国文明和它的宇宙观，要到了19世纪才发生了密切的接触与震荡，造成了近百年来的中国西化运动或现代化运动。从古史的角度来看，我们可以说，在西方文明首次突破的五千年以后，非西方文明才开始要向它迎头赶上。西化运动是否应当在中国施行，在今天来说已是一个没有意义的问题了，因为它已经在全世界广泛推行了。知道了所谓西化的古史根源，对中国社会以及其他非西方社会而言，在它们如何设计怎样应付西化运动上有没有积极的意义呢？我不知这只是一个纯学术性的还是一个多少也有实际意义的问题。

中国古代史的世界舞台

钱穆先生在《国史大纲》里面说"中国为世界上历史最完备之国家",举了中国历史的三个特点,一者悠久,二者无间断,三者详密。我们还可以再加上第四个特点,即"自我中心",或说"向里面看"。中国有世界上最完备的历史,却全是自己的历史。二十四史从头到尾不离开中国这个舞台。中国人独善其身的哲学,即"各人自扫门前雪,莫管他人瓦上霜"这种态度,显然也是应用到史学上的。自司马迁以来,一直到当代学界,中国很出了不少著名的史学家,但是都是"中国"史学家。中国古今学者中有几位对中国以外的历史或一般世界史做过重要的贡献的?

研究中国史而不研究世界史这种作风,不但使我们成为世界史的文盲,而且常常使我们不能充分了解中国自己的历史。研究中国历史的时候我们要同时了解它的世界舞台。因为我是学古代史的,在这里我便举几个例子来支持这种主张。

中国古代哲学思想的三个基调

在中国古代文明的诸种特质之中,恐怕再没有比中国古代哲学思想更具有中国特色的了。照杜维明先生的分析,中国传统哲学有三个"基调",即(一)存有的连续,(二)有机的整体和（三）辩证的发展。所谓"存有的连续"：

> 是把无生物、植物、动物、人类和灵魂统统视为在宇宙巨流中息息相关及至相互交融的实体。这种可以用奔流不息的长江大河来譬喻的"存有连续"的本体观，和以"上帝创造万物"的信仰把"存有界"割裂为神凡二分的形而上学截然不同。

这个"存有连续"的具体表现便是中国宇宙观基本概念的所谓"气"，"从草木瓦石到生灵鬼神，根据传统的说法，都由一气贯穿"。

"有机"这个观念，杜先生是自英国李约瑟先生借用来的，他说：

> 中国哲学……把人视为存有连续中的一个环节，和天地万物发生有机的关联，而不是看作独立于自然之外，由上帝根据自己的形象所创造的特殊灵魂。

因为宇宙人类万物都是有机的整体，所以传统中国有"化生"的说法，即天地万物都是动态的发展过程。这种发展的过程，是辩证性的，是以对立统一的阴阳观念为基础的："天地纲缊、万物化醇，男女构精，万物化生。"

中国古代的哲学思想，既广阔又复杂，岂是几句话可以概括的？但杜维明先生的"三个基调"之说，应当能够综括中国古代宇宙观的基本精神。我所以引用杜维明先生的说法，是想把它和下面的几段话做个比较：

（一）在这种宇宙观下面，"自然和超自然环境中的各种现象乃是'化生'的结果,而不是像犹太基督教传统中的自虚无而生的创造。"

(二)"环境中的所有现象都由一种生命之气或灵魂赋予活力;因此在这种宇宙之内没有我们所称的'无生物'这种东西。"在这种世界观之下,"房屋、箭镞、鱼钩、家用器皿等等都像人类、动物或植物一样,是有生命的,因此必须加以抚慰、定期喂食、并且要加以体贴,甚至在适当的场合之内予以尊敬。"

(三)"它的宇宙是分层的,主要有下层世界、上层世界和中间层。宇宙的层次之间以'大地之柱'加以连接。"

这种宇宙观的三个基调与杜维明教授所指出中国哲学的三个基调是相应的,适与西方哲学的基调产生鲜明的对照。这是什么文明的宇宙观呢?上引的三段是摘录自彼得·佛尔斯特(Peter T. Furst)先生对中美洲古代文明意识形态的复原。照佛尔斯特的说法,这种意识形态不但是中美古文明的特征,而且是美洲许多古代文明所共有的。他相信这种宇宙观可以追溯到一万数千年以前,当时美洲印第安人的祖先还在亚洲东北部的故乡。

美洲印第安人古代文明的宇宙观和一般哲学思想也不是几句话可以说明清楚的。可是我们看了佛尔斯特的摘要,便不能不承认这个摘要所指陈的哲学思想与古代中国哲学思想基调的关联。这个关联使我们马上意识到,中国古代哲学思想恐怕不是中国史黎明期的产物,更不是春秋战国时代才开始萌芽或成形的。以杜维明先生三个基调所代表的中国古代哲学思想的根源是非常深远的,很可能至少远到一万多年以前的旧石器时代。

这个例子只能简单说到此处,但它很有力地显示人类古代历史的太平洋舞台。在讨论殷商时代的中国文化时，李济先生曾经提出，殷商"发展的背景，……是一种普遍传播在太平洋沿岸的原始文化"。凌纯声先生也说："中国文化是多元的，文化的形成是累积的，最下或最古的基层文化，可说是发生和成长于亚洲地中海沿岸的海洋文化。"中国远古文化与太平洋沿岸古代文化关系之密切，在很多方面都可看出，上举哲学思想领域只是一端。研究中国古代史就不能不研究它与东方海洋文化的关系。

与西方的联系

研究中国古代史也不能不研究它与西方大陆文化之间的联系。过去在中国史前史未建立时，有的考古学者曾经主张，中国古代文明是自亚洲西部远古文化中心（即两河流域）全盘传播过来的。近三四十年来，中国境内考古材料多所发现，逐渐勾画出中国文明的史前阶段。中国古代文明无疑是以本土文化为基础，在中国这块区域上成长出来的。但在成长的过程中，一定曾经与西方的古代文明有所接触，互相影响。随手举一个例子：最近夏含夷先生（Edward Shaughnessy）的一篇文章，题为《战车输入中国的历史透视》，提出中国古代战车是自西亚输入的说法，此说由来已久，但夏含夷这篇文章使用了考古学和古文字学的证据，提出一种新的看法。他认为战车是在殷代晚期才自西亚经由中亚输入中国的。刚来的时候，战车在战争上并没有什么实用价值，而只是用来摆样子以炫人目的。真正把战车在战场上使用是自周人开始的；周人在这种新武器上所占的优势，可能是周人克商的一个主要因素。夏氏这个说法是不是成立，此处不拟讨论。举这个例子的目的是想说明，在商史研究上我们不能不调查、研究西亚、中亚的材料，因为不研究这些材料我们便不能在战车问题上得到结论，而战车的意义对商史研究的重要性是显然的。近东古代文明距黄河流域古代文明有一大段区域，而这些区域中古代文明的考古学研究，还在初步的阶段。近年来，中亚已找出来一系列的青铜时代的古文明，下一步的关键区域是新疆。就青铜时代的古文明来说，新疆还是一片考古学的处女地。将来这片处女地中一定会发现一系列的古文明遗迹。届时我们对中西古代文明之间究竟有何关系？作何看法？今天还不能想象。

不论是向东伸出去的太平洋区，还是向西伸出去的中亚草原沙漠地带，都是中国古代文化的部分舞台，都是研究中国古史的人所不能不涉猎的。但是我之强调中国古史的世界性，并不仅仅是鉴于中国古代文明向东、向西都有接触，更是因为所谓"中国文明"这个观念本身是经常变动的，在中国古代要区分什么是"中国"，什么是"世界"，并不是轻易、清楚的事。

传统史观有待修正

中国古代史一向便是华夏民族史。华夏民族发迹于中原，经三代而逐渐扩张，将四周的蛮夷逐渐同化，到了秦汉帝国时代，便奠定了历史时代"中国史"的地理范围。钱穆先生说：

> （中国文化）沿黄河两岸，以达于海滨，我华夏民族，自虞夏商周以来，渐次展扩以及于长江、运河、珠江诸流域，并及于朝鲜、日本、蒙古、西域、青海、西藏、安南暹罗诸境。

这是数千年来传统的史观，它是根据数千年来传统的史料塑造而成。可是这种史观，到了今天面临严重的挑战，因为近三四十年以来考古史料的新发现。

50年代的中国考古学活动集中在黄河流域，丰富的出土资料建立了黄河中游从史前文化步向历史时代文明发展的程序，这个新程序加强了传统的中原中心思想，所以五六十年代的中国考古学成为传统古史的搭档，进一步肯定中原文化的摇篮地位。同时把黄河流域以外的中国视为"边疆地区"，是不断接受中原文化而进入文明阶段、华夏文化领域的蛮夷地区。这种情况到了70年代起了基本的变化。70年代的中国考古学发生了两种现象：第一，地方上考古力量增强，出版品增多，于是中原以外地区古代文化的资料大量出现。其中包含了许多精美的艺术品，表现了过去意想不到的文化水平，足以与中原媲美。第二，自70年代开始，中国考古学由于使用放射性碳素断年的技术，引发了革命。于是我们知道，那些在中原以外、文化水平与中原相当的地方，常常并不晚于中原，有时甚至早于中原。这样一来，中原文化由中心向四方辐射，教化蛮夷的老说法，便不为新材料所支持。

上古史的六大区系类型

在这种局势之下便产生了中国古史上所谓"区系类型"的概念，也就是中国各个自然区域内有各具特色而互相交往的文化类型。在1981年苏秉琦先生对此新观念做了一次言简意赅的陈述：

> 过去有一种看法，认为黄河流域是中华民族的摇篮，我国的民族文化先从这里发展起来，然后向四处扩张；其他地区的文化比较落后，只是在它的影响下才得以发展。这种看法是不全面的。在历史上，黄河流域确曾起到重要

的作用，特别是在文明时期，它常常居于主导的地位。但是，在同一时期内，其他地区的古代文化也以各自的特点和途径在发展着。各地发现的考古材料越来越多地证明了这一点。同时，影响总是相互的，中原给各地以影响；各地也给中原以影响。在经历了几千年的发展之后，目前全国还有五十六个民族，在史前时期，部落和部族的数目一定更多。他们在各自活动的地域内……创造出丰富多彩的物质文化。

根据现有的材料，苏秉琦先生辨认了中国远古时代文化的六个区域：陕豫晋邻境地区、山东及邻省一部分地区、湖北和邻近地区、长江下游地区、以鄱阳湖—珠江三角洲为中轴的南方地区和以长城地带为重心的北方地区。

区域文化的辨认，在中国古史的研究上，产生了两个重要的后果：第一，中国文明的产生，如今显然是许多区域文化融合的结果，换言之，新的考古学发展支持上引凌纯声先生所说的"中国文化是多元的"这种主张。第二，古史研究的重心从中原与边疆的关系转移到区域文化与区域文化互相交往的关系。区域文化是一个连接一个的：从黄河中游向东，一个一个区域文化连接到新大陆；向西一个一个区域文化，连接到西亚、近东，甚至欧洲，像一个锁链或一张渔网。在这种情形下研究中国古史，很显然地要采取开放的观点，中国古史与世界舞台是一体的。

人类学的社会使命

——评介陈其南《文化的轨迹》*

人类学在20世纪的80年代，除了纯粹科学性的意义以外，还有没有社会的使命？多年来我随时检讨当代人类学使命这一个课题，而所得的答案也一直是肯定的。在西方科技文明发展洪流之下，站在弱小民族的立场认寻他们自己的文化和协助保存他们自己的文化，这是一例。站在世界文化变异与人类历史的观点对自己的社会与文化做建设性的检讨与评论，这是又一例。如果这两个例子可以代表当代人类学的若干任务，那么我觉得陈其南先生这两册文集所收的文章，可以当作当代人类学发展方向的有力代表。

每门学问都有它的一套神话——或跟着本书的术语称之为"迷思"——而人类学亦不能免。自学生时代以来有不少老师和同业不断向我灌输的一个"迷思"，便是人类学者不宜研究他们自己的文化。我想这是人类学早期习惯的一个遗痕，同时又代表我们常犯的一种迷信，即研究别人可以客观而研究自己则不易客观。现代人类学是欧洲人在工业革命之后到全世界去开拓殖民地时，与非西方文化尤其是原始文化接触之后所发展出来的一门新学问。这个新学科的特点，是把个别文化放在从

---

* 原刊《中国时报》副刊《人间》，1985年12月23日。

时间上空间上所见的多种文化形态当中来研究，同时这种研究是要基于在个别文化中长期而深入的田野调查来进行的。用这种做法所获得的有关社会人文的新知识，一方面能够深入个性，一方面又照顾了世界性；一方面尊重文化的相对性，一方面确认文化的一般性。这种做法，这样的知识，是别的学科所不及的，因而造成人类学在若干社会科学领域内的优越性。

到了今天，殖民主义早已衰落，或者说是为新的经济形态所取代，欧洲文明早已不再是人类学的出发点了。莫非因此人类学这门学科便也应当淘汰掉么？当然是不应当的——人类学的观点和方法仍是我们研究文化社会的有力工具，可以应用于别人，也可以应用于自己。它只是一套工具，而学者使用它的时候是离不开他自己的民族立场、政治见解、价值观念的，我们研究自己的时候是具有这种立场、见解、观念的，但我们在研究别人的时候亦何尝不然？

20世纪80年代的中国社会面临着许多新旧交替时期的基本问题，而这些问题每每牵涉到对中国问题的世界意义的深入了解，亦即牵涉到文化因素的相对性与一般性的问题。例如有人主张"天赋人权"，因此不论在中国还是欧洲人权都是绝对的，但也有人说极权是若干非西方国家的国情，是数千年传统文化，因此西方的人权观念在这些国家中不能适用。又例如有人说少数民族的语言文化应当不惜一切加以维持，即使因此而在生活水平的提高上有所牺牲，但也有人说少数民族更应加速进入20世纪，即使因此而丧失固有文化亦在所不惜。这一类的问题是很难回答的，但它们并不仅是中国的问题，它们是全世界性的问题，是人类学者研究的中心对象。人类学者不一定有比别人都好的答案，但是从世界看中国正是他们的专业。

陈其南先生这两册文集所收他十年来陆续写作的文章，多是用人类学的观点来探索一些当代中国社会里很尖锐出现的一些新旧交叠的问题的。不论他在每一个问题上的看法是不是都能得到每一个读者的同意，我觉得他处理这些问题的方向是值得欣赏的。他在耶鲁大学读书的时候，我便知道他一方面在最深刻的人类学理论问题上能与西方的学者交换意见，另一方面他又从不丢失他那浓厚的乡土气息。我觉得这也是他这两册文集的特色。这些文章所讨论的题目，常常涉及人类学理论的核心，但这些题目又多是切身的实际问题，而且他所用的语言也是大家都能了解都能欣赏的。他应中文大学之聘去香港任教，是香港的收获，却是台湾人类学界与台湾社会的损失。这个文集的出版，如果能将陈先生的人类学和他从人类学的角度对当代问题的看法，引起台湾社会更大的注意，那么它也许可以弥补一些陈先生所遗下的损失罢。希望他继续借台湾的报刊与家乡保持联系。

再谈人类学的社会使命

——简介"文化长存学社"*

《人间》副刊在去年 12 月刊出了我为陈其南先生新著《文化的轨迹》一书所写的一篇短序。并且替它加上了一个题目叫"人类学的社会使命"。在这篇小文里我曾提到人类学者对少数民族文化传统之保存的问题,应该有值得注意的看法。有位朋友看了这篇文章以后就来问我,对台湾高山族在台湾近年经济迅速发展影响之下所遭遇的各种问题有什么看法。我对于高山族所遭遇到的种种问题虽有所悉,却对具体情况了解不够深入,而且也没有研究过政府的山地政策,所以目前在这个问题上不敢妄自置笔。但是我们不妨在一般少数民族所面临的较大问题上做一些原则性的讨论。

现在的国家多半都是"多民族"的。国家与国家之间尽管有很大的不同,但在民族关系这一点上它们彼此之间却常有一些基本的相似性。一个国家内多民族中常有一个主要民族,其他的则是所谓少数民族。在"发展中的国家"里面,一般来说其主要民族不论在物质文化上还是在经济发展上都是比较先进的,而少数民族多是比较落后的。在这种国家中的经济发展规划经常是由主要民族来主持的,而在这经济发展过程之

---

* 原刊《中国时报》副刊《人间》,1986 年 3 月 24 日。

中，少数民族的居住地区和固有生活方式常常受到威胁，于是便发生是否加以保存、如何保存这一类的问题，在这种情形之下，主要民族对少数民族的语言文化应当采取什么样的态度？一般来说，在发展中国家中，少数民族常被看作阻挡经济现代化的绊脚石，而他们固有文化（常常是比较落后的文化）的消失也就常被看作全国经济现代化所必付的代价。这种态度自然会导致少数民族固有生活方式的破坏与传统文化的消失。这一类的情形，在主要民族与少数民族属于不同种族的时候（如中南美洲拉丁语族与印第安人之间的关系）尤甚。中国的主要民族与绝大多数的少数民族都是属于同一个种族的，所以种族歧视在中国来说并不是一个主要的因素，但是汉民族数千年传统下来的优越感则是一个很重要的因素。

在这个问题上，主要民族与少数民族的立场和考虑点可能有所不同。从主要民族的地位来说，一方面，不顾一切以大吃小的作风应是他们的正义感与自尊心所不允许的；另一方面，他们自己文化的赓续与发扬也要依靠丰富多彩的多民族文化传统的有利环境。因此，少数民族语言文化的保持应该是对主要民族有利的。可是少数民族自己对自己传统语言文化保存问题的立场自然是更要考虑的。他们对外来的经济发展可以视为威胁，也可能加以欢迎。他们可能珍贵自己文化传统，也可能自动地将其全部或部分加以抛弃。从狭义的、技术的立场说，少数民族固有文化保存与否有待少数民族自己的选择。因为他们人数少、势力弱，文化水平不一致，所以更重要的是要造成使他们能够做自动的、明智的、不受压力的选择的客观条件。在这种客观条件的创造上，以研究少数民族文化和社会为专业的人类学者，是有做一部分贡献的能力的。

为了供国内人类学者的参考，我想介绍一下我现在教书的大学里的几位同事——都是社会科学者，主要包括社会人类学者——所建立的一个专门为少数民族服务的叫做 Cultural Survival Inc. 的一个机构。这个名字翻成中文很难，姑译之为"文化长存学社"，下面将他们自己所写对该社宗旨与手段的一篇简介翻译一下：

> 作为一群哈佛大学的社会科学者在 1972 年所建立的一个非营利的组织，文化长存学社所关切的是世界各地部落民族与少数民族的命运。在政治和理论立场上差别很大的许多人却都常常假定这些比较弱小的社会注定是要消灭的。所以一般的趋势是把对这种社会的前途加以关切的人类学者等人，当作想要阻挡历史潮流的嗜古主义者，或当作对进步发展的代价比对进步发展的好处更为关切的感伤主义者，而轻易加以摒弃。可是，文化长存学社坚持主张（并在它的出版品中将这种主张加以证明），将弱小的传统社会加以灭绝的，并不是什么抽象的历史程序，而是贪婪与无知。他们一般多半是被他们所在的自己的国家所赶掉或消灭，正因为他们是微弱无力因而容易令人生念的目标。除此之外，他们还在他们被认为一定会加以阻碍的经济发展规划名义之下，或者在他们被认为一定会暗中加以颠覆的国家的名义之下，遭受到毁灭的命运。
>
> 文化长存学社出版一份定期季刊，以及专书、不定期论文和特别出版品，用它们来从书面上证明部落民族和少数民族所遭受的凌辱，并且来从根本上反驳将对他们如此对待加以辩护的证据。通过这种方式，它的宗旨是来证明这些民族实际上是经济利益或思想偏见的牺牲者。一样重要的是文化长存学社又能证明这一类的牺牲是不必要的而

且可以避免的，传统的社会不一定非是经济发展的绊脚石不可的，同时如果给予机会的话他们是可以作为多民族国家中有生产能力的参与者的。因此，文化长存学社希冀能说服在这类问题上关心的政府和国内或国际的组织，来主办或支持将传统社会包括进去而成为参与者和受惠者，而不是将他们排斥在外成为行动过程中之牺牲者的发展规划。

学社并且愿意也有能力来帮助设计和实行在文化上有敏感性的规划来协助部落民族和少数民族。这种规划的目的，经常是来保证有关社会的土地基础，来保证他们的身体安全（以防疾病和外来攻击），来促进他们在区域经济中的参与并来帮助他们保持他们的文化完整性和尊严。这类规划有两项彼此无关的特性需加以强调。第一，文化长存学社是不在智囊团所发明的模式基础之上来设计他们的规划的。事实上它将它自己的研究经验来给它所要帮助的社会来服务，来以与这个社会相合的方式来处理这个社会自己所看到的种种问题。第二，文化长存学社（这个机构）不把文化长存（这个概念）看作对固有习惯或风俗之把紧不放，而把它看作一种社会对它自己的事务和它自己的未来之有它的发言权利，文化长存学社的工作规划的宗旨，因此乃是来创造使一个社会能保存相当程度的自主权和自决力量的各种条件，因为这在文化的尊严和延续上是必要的。

文化长存学社并不妄自尊大地来鼓动别的社会来对他们的传统忠实，因为它相信所有的社会都是不断在变化的，而且许多社会正在自动地将它的传统加以抛弃。但是它的确是要帮助部落社会和少数民族来维持他们文化中他们自己认为是重要的诸方面。这有种种不同的做法。若干社会得到帮助来写作和发布他们对自己历史的看法。有些社会得到帮助来写作语言课本好使他们的下一代能够学习他们自己的语言。又有些得到帮助来传布他们的艺术传统，所得收入再放回社区规划中去，还有些得到帮助来做他们所要做的宗教仪式的视听记录，尤其是他们中间的仪式专家已趋于绝灭。另外有些得到帮助，将他们的文化产品陈列给他们自己也给外人参观。最后还有些得到帮助来保存他们自己的传统教育的中心。

文化长存学社将它的比较带开发性质的工作，与它的更以文化为焦点的规划，看作一个硬币的两面。它们是以协助部落社会和少数民族能够作为多民族国家的参与者而不至于丧失他们的尊严或他们自己的生活方式，以及他们对自己前途有发言能力为宗旨的规划的不可分开的部分。

上面将文化长存学社的"宗旨与手段"用硬译方式全部地介绍一下，是因为这几段话并不只是泛泛的原则和理论，而很具体地描写了它的工作的种类和性质。过去几年来这个学社比较有名的活动成果，是采取游说团的方式到各处去做说服工作，包括到美国国会去作证，终于说服了世界银行，在贷款给巴西政府做经济发展规划活动时，坚持在贷款上挂上了严格的条件，来保留经济发展地区内印第安人土地并且与印第安人自己一起从事土著文化保存活动。照1985年文化长存学社自己的报告，他们的活动范围伸及下列各国和地区：玻利维亚、巴西、哥伦比亚、厄瓜多尔、墨西哥、中东、纳米比亚、尼泊尔、巴拉圭和秘鲁。其活动的种类包括资助印第安人自组文化团体、协助建立卫生机构、资助人类学者撰写印第安人奋斗经过、协助印第安人编辑出版消息报、为印第安人中学购买教学器具、资助植林实验、协助印第安人争取土地法权，以及协助土著民族建立文化馆等等。

文化长存学社这一套宗旨和手段在中国有没有参考的价值？中国的人类学者与社会科学者是否也可以组织类似的机构来作为政府与少数民族之间的桥梁以为少数民族服务？这是要由中国政府、中国人类学者与中国的少数民族自己去商讨决定的。专就台湾来说，例如中央研究院民族学研究所已经成立了三十多年，是有关高山族研究的最高学府，是有资格做这种桥梁工作的。在这方面，文化长存学社成立十几年来的工作成绩，可能对民族学研究所或类似机构做这一类的工作上有些参考价值。

另外一方面，我们也可以很清楚地看出来，文化长存学社的基本出发点是肯定西方经济发展的普遍价值。他们协助部落社会与少数民族的主要目的，是帮助他们成为这种经济发展的参与者而不作为其牺牲者。如果经济发展与传统文化能够并存并进，这便合乎文化长存学社的目标了。西方式的经济发展似乎是今日世界大势所趋，所以文化长存学社的哲学与做法可能是最为实际的。不过，从中国的立场来看，多年来中国经济依照西方模式的发展也造成了相当程度内的中国传统文化的危机。中国少数民族文化的危机，从很大的一个意义上看，不是汉族以其主要民族的地位所造成的，而是由汉族所主持的经济现代化或西化所造成的。在这种经济发展规划之下，汉族自己的传统文化也发生了很大的变化，也产生了应当如何保存的问题。文化长存学社这一类的机构所协助的对象，是否也应包含汉族在内呢？

这样看来，人类学者应当如何协助高山族或其他少数民族的问题又不是那么简单了。人类学者不能不同时面对应付的一个更大的问题,还是一百年来的一个老问题,就是中国传统文化西化的问题。在这上面做文章的人太多了,此处不需多说。下次我试用古史的观点把这个题目试求追寻到它的根源去。

中国考古学与历史学整合国际研讨会开会致辞*

中国的历史学（Historiography）有很长的历史，在全世界上是最为古老的，而考古学（Archaeology）是到了20世纪30年代初叶才传入中国的，考古学在中国作业七十年以来所获取的结果，造成了中国上古时代历史学的革命。

考古学引进中国产生了这个结果，并不是一开始便预料到的，最初，疑古派的学者以为考古学可以建立一套崭新的上古史，考古学开始了二三十年以后，因为工作做得很有限，所发现的新历史竟不如所证实的老历史为多，在抗战以后的几年中，好像很多古史学者和考古学者都有这么一个想法，就是考古学很可能将传统的上古史加以充实和扩大，但是中国上古史在基本结构与史实似乎业已大定，与传统的古史在基本的架子上并无不同，我觉得中国的古史学与考古学者在四十年来根本的想法一直是如此的。

但是从70年代初期这二十年来，上古史和考古学者逐渐感觉到将越来越多的新发现的考古资料放进传统中的上古史的框架中去越来越困难的现象，有很多新发现的材料在旧的历史里面完全找不到踪迹，这主要是两种新的材料造成的。其一，

---

* 1994年1月。

从1972年开始，中国考古学上获得了大量的碳素14的数据，证明许多中原以外的边疆文化不比中原文化为晚，甚至有时比它还要早。其二，在七八十年代发现了许多中原以外的文化遗址，不但不晚于中原，而且在品质的富丽堂皇上也不输于中原；这些遗址中最著者是辽河流域红山文化的牛河梁和东山嘴；太湖区域良渚文化的反山、瑶山，四川成都平原广汉的三星堆和江西赣江下游新赣的大洋洲。红山文化和良渚文化的新石器文化比起黄河流域的仰韶文化来，不论从哪方面来比较都可说是有过之而无不及，而三星堆和大洋洲的青铜文化与中原的夏商周文明有相似处也有相异处，但它们在品质上都是平起平坐的。我们逐渐发现从我们几十代的老祖宗开始便受了周人的骗了；周人有文字流传下来，说中原是华夏，是文明，而中原的南北都是蛮夷，蛮夷没有留下文字给他们自己宣传，所以我们几十代的念书的人就上了周人的一个大当，将华夷之辨作为传统上古史的一条金科玉律，一直到今天才从考古学上面恍然大悟。

我说受了周人的骗，上了周人的当，并不是说周人有意欺骗我们，商周的人都写了许多书，说他们自己的事，自然不免给他们自己吹嘘一番，这些书后来又给儒家编辑修改，以适合他们的古史观，所以传统的上古史的基本资料就包含许多不可靠的成分，近年来考古学的另一个重要的贡献，是它从战国秦汉的古墓里挖出来许多新的文字资料，把古人自己所说的话充实了许多，包括过去没有看到过的书，也包括现存书的古本，或说是它们的原貌，至少是原貌之一。

这是考古学对中国上古史的贡献大到造成革命性的变化的少数例子。我们可以很放心地说，在下一世纪里，还会产生现在根本无法预料的新发现，将中国的上古史再加丰富、扩充、改变，但是下一世纪的事等下个世纪再谈不迟，我们现在已经有的这批材料该如何处理？今天这个会叫做"中国考古学与历史学整合国际研讨会"，是看看历史和考古如何整合。我个人不相信"整合"是个合适的概念，依我的拙见，在中国上古史的研究上，没有考古学，也没有历史学，历史和考古在中国上古史的研究上不但要整合，根本要合并，我这个意见在拙文《对中国先秦史的新结构的建议》里面再详细地谈，但那不过是一个个人的意见，对这个问题，对考古学造成的中国上古史学的革命，则不是一个人的意见，它是 20 世纪末叶史学上最令人兴奋的新发展之一。中央研究院历史语言研究所把这个题目提出来讨论，是史语所在中国史学上做领导工作的又一个例子，我对史语所今天这件领导工作庆贺和致敬！

中国人文社会科学该跻身世界主流*

20世纪中国人文社会科学研究不是世界的主流,这是一件不可否认的事实。在大半个世纪中支配全球一小半人口的史观的是西方的马克思和恩格斯的理论;讲社会结构要读韦伯和列维·施特劳斯;讲语言要引福柯和强姆斯奇;每年一个经济学的诺贝尔奖金得奖者没有研究中国经济的;美术史的理论中心一直在欧洲。假如中国没有人才,研究的资料不够丰富,那么中国之不能跻身主流还可以理解和原谅。但是事实上中国在这方面落后的原因,是完全可以克服的,因为不论在人才还是在资料上都有在人文社会科学上领导世界学术界的潜力,无奈这些潜力完全不能发挥。

中国从古到今政治文化一直占着挂帅的地位,而孔夫子和他的信徒都是最懂得人际关系的专家。中国人每个人都有研究人文社会科学的本钱。研究的资料,则有一部二十四史,自50年代便为玛丽·瑞德教授向一般社会科学者介绍为全世界最丰富的一座研究人类历史上各种行为的规律的宝库。

为什么在20世纪的学术研究上,中国对人文社会科学做一般性贡献的潜力完全不能发挥?最重要的原因是中国学者自

---

* 原刊《亚洲周刊》,1994年7月10日。

古以来便作茧自缚，以为中国是世界中心，外国有的，中国都有，只要研究中国就够了。20世纪中国出了不少优秀的历史学家，但他们都是中国史专家。据我所知，没有一个人在外国史上被哪国史学家尊为大师，也没有一个人在国际上成为有地位的历史理论家。中国的文学作品有许多翻译成外语，但哪位20世纪中国的文学批评家或文学理论家在世界的舞台上给人讨论过？在美学上，20世纪的中国学者有何一般性的贡献？政治学理论？经济学理论？世界上哲学的研究？宗教的研究？只有在语言学上，中国语言学者如赵元任、李方桂、王士元等先生的著作在一般语言学的书刊里给人引用。拿美国来说，中国学者参加的学术会议以亚洲研究学会为主。一般的历史学会、社会学会等，很少见中国学者的踪迹，即使出席也常常只参加有关东亚的小组，很少见到他们与西方学者在会场上辩论历史哲学、历史原则一类的一般问题。美国的国家科学院华裔的院士之中，研究数理生物科学的有十多位，可是研究人文社会科学的只有一个。这些事实清楚地反映，在世界人文社会科学的舞台上，中国的学者自己选择了边际化的地位，自甘被弃于主流之外。

中国学者发表论文所用的语言也是造成中国当代人文社会科学边际化的一个因素。中国的知识分子多能读英文，而外国人除了汉学家以外很少能读中文，这是我们必须接受的事实。中国学者所研究发表的著作里面，有许多成果应该是有世界性、一般性的意义的。但是得到这个成果的中国学者，有时因为对于国外的研究趋势不熟悉，可能对这个意义不知道。而外国非汉学家的学者，没有会看中文的理由，当然对这项贡献更不知道。

跻身于世界人文社会科学主流有什么要紧呢？有人可能采

取民族骄傲的观点,像奥运会零的突破。这固然有它的重要性,因为有信心的学术界是有前途的学术界。但我们鼓吹中国人文社会科学要跻身于主流,是因为我们相信这有关世界人类的前途甚至存亡。中国的士大夫一向确信对过去和现在的了解是走向未来的方针,所以司马光把他的史著叫做《资治通鉴》。如果马克思和恩格斯参考了中国人文社会科学的研究成果,而没有将他们的唯物史观仅仅建立于西方文明的历史经验之上,说不定本世纪中俄两国历史的面目与我们所见的完全不同。这样说来,争取主流地位,甚至可以说是中国人文社会科学者对世界的责任。

如何争取主流地位呢？敲锣打鼓,游行示威,是没有用的,这个地位是需要别人承认,要用真才实学去挣来的。怎样去挣呢？我们不妨从中国人文社会科学的三部曲开始:第一,跳出中国的圈子,彻底了解各个学科主流中的关键问题、核心问题。第二,研究中国丰富的资料在分析过后是否对这些属于全人类的问题有新的贡献。第三,如果有所贡献,一定要用世界性的学者(即不限于汉学家)能够看得懂的语言写出来。这三部曲说来容易,要做起来要从小学教育做起,把中国人,尤其中国的知识分子的世界观做一些基本的修正。有一天英国的牛津大学经常从中国邀聘教授去教英国史、东欧文学和历史哲学,这一天中国的人文社会科学才能说是成熟,而我们才能肯定中国的中国研究是科学的研究了。

三 关于台湾

台湾考古何处去？*

台湾考古的局面并不很大，但是在目前却面临着一个历史性的抉择关头。造成这个局面的复杂性，至少有下列的几个因素。其一，自1949年以李济先生为首的中央研究院历史语言研究所考古组迁台以后，由于李先生和同组的董作宾、石璋如和高去寻等先生在考古界有极高的声誉，以殷墟为主的中原考古在台湾的考古界远较台湾本岛的考古工作受人重视。四十余年以后的今天，董、李、高三位先生先后凋谢，石先生硕果仅存，而大陆田野考古对台湾而言一直是可望而不可即的梦想，所以台湾本地的考古学逐渐成为年轻人工作的惟一对象，台湾考古学上的种种问题便成为考古界研究的主题，很自然地便趋向复杂化。

其次，目前的台湾考古工作者为数虽然不多，却包含着几个世代。以石璋如先生数下来的第一代，是50年代初期李济先生等亲手培植出来的第一批学生。从这一代向下数，到今天的大学与研究院的毕业生，已可以数出好几代来。一代一代有变化、有进步，是天经地义，所以这些为数并不多的考古工作者对如何从事考古工作，却有很多不同的意见。70年代后期，

---

* 原刊《田野考古》第3卷第1期，1992年。

已故的李光周先生将美洲"新考古学"带回台湾,并在台湾大学将新考古学传递了下来,对嗣后若干的学生产生显著的影响。最近自美回台工作的学生里面,就包括李光周先生的学生,而他们又在新思潮最为激烈的北美西南的大学留过学,对考古学的看法自然更进一步。所以,在目前台湾考古学界中考古工作应当如何从事、如何推动,便成为考古理论、考古方法上有所争论的问题。

第三,在台湾光复以后,三十多年之内,从事台湾考古的只有台湾大学考古人类学系(现改名人类学系)一家。考古工作者出身于一个单位,又在这一个单位里面一起工作,彼此之间的沟通比较密切,即使看法不同也比较容易彼此配合。

自70年代开始以后,中央研究院成立了台湾考古室,它的工作随着史语所中原考古工作的减缩而扩张,到今天已成为史语所田野考古的主体,使台湾考古工作二元化。近两年来,教育部又设立了国立台湾史前文化博物馆筹备处,它的研究组也已开始从事田野考古工作。工作单位多了以后,彼此之间的沟通便成为一项需要克服的困难,进一步易于导致对考古工作看法的分歧。各单位工作的地域也容易发生彼此重叠、牵掣的问题。

第四,光复以后初期从事考古工作的目的与步骤却比较单纯,田野工作的主要目的,不是研究问题便是作为考古人类学系的田野考古实习课。自70年代后期开始,很大部分的考古工作是与国家公园的开发和工业建设配合进行的,如垦丁、卑南、曲冰、芝山岩等重要遗址的发掘都是这一类的。80年代中期以后,与中央研究院台湾史田野研究室的成立同时,考古学又成为台湾史研究的一件重要工具;这可以用十三行遗址的重要发现为例。台湾考古的非常有限的人力、物力的资源,在这么众多的目的之间该如何分配，就又成为一项亟待考虑解决的难题。

最后，近年来太平洋西南区政治、经济局势的发展，在台湾考古的前途上产生了难以预料的、难以控制的未知因素。台湾的经济发展与台湾与南太平洋澳大利亚与新西兰关系的密切化，使台湾与澳、新考古界的交流成为话题。在这种背景之下，台湾在南岛语族起源问题上的重要地位，又重新引起太平洋区考古工作者对台湾考古的兴趣。近年来澳洲的 Peter Bellwood 与美国的 Patrick Kirch 在旅台期间坚持要去大坌坑遗址参观，便强烈地表现了大洋洲考古学者对台湾考古（尤其是大坌坑文化）的注意。另一方面，台湾海峡两岸政治关系在最近一两年来发生了显著的变化，台湾与大陆（尤其福建）的考古交流，甚至考古合作，似乎是指日可待的了。如何从孤立的台湾考古打出台湾的圈子，与中国大陆和太平洋考古工作者携手合作，也成为当今台湾考古学上不能不赶紧慎重考虑的一个重要题目。

由于上述几个因素的交互影响，"台湾考古何处去？"这个问题是值得考虑的。正因为台湾考古的多元化，对这个问题也一定有不同的答案。据我个人的想法，台湾考古下一步有几个方向可走：

（一）台湾考古学必须积极培植、吸收人才。

如上所述，台湾虽小，考古工作却多，需要很多的专业人员，据我所知的，台湾三个胜任考古调查发掘工作的机构（台大人类学系、中央研究院历史语言研究所、国立史前文化博物馆筹备处）中一共只有职业考古人员三十个人。在大学的专业里考古学一向视为冷门，但在目前的状况之下学考古的大学和研究所的毕业生不愁找不到职业。但是在台湾培植考古人才的学校只有一家，即台大的人类学系。我不知道这系的学生中每年有几位是专攻考古的，但因为现在征聘职业考古人员的学位要求比以前要提高，所以训练的时间加长，产品相对地减少。我建议教育部和台湾大学考虑有计划地积极增加师资、设备、经费，多培养一些质量高的考古专业人才。

不消说，在台湾不论是政府还是一般社会都重视自然科学而不重视人文社会科学，而在人文社会科学之中考古学更受不到重视。但是使一般社会了解考古学的重要性，终究还是考古工作者自己的责任。考古工作者应当拨出一部分的时间来，走出象牙之塔，利用各种媒体向社会大众为考古学做一点宣传的工作。在我们的社会里，哪几位考古学家（不论是现存的还是已故的）是中、小学生崇拜的对象与模仿的榜样？

（二）以台湾为考古工作中心，但扩大研究视野。

如果田野工作是考古学的核心，台湾考古便应当一直是在台湾的考古学的主流，因为自 1949 年以来中国大陆便一直是封闭的田野，而中国考古工作者还没有养成出国作田野考古的习惯。但是因为中央研究院迁台，带来了世界第一流的考古学者与安阳殷墟的国宝，所以自 50 年代以来中原（尤其是殷周）考古学在台湾考古学界一直是大哥，而台湾考古一直是小弟。中原考古与台湾考古的关系，在今又已经产生根本的变化。随着迁台的战前中原考古材料的陆续公布与新材料的阙如，在今天台湾考古学界中，中原考古学者已绝无仅有，而本岛的考古已不但是主流而且逐渐成为惟一的研究对象。这个现象显然是不可避免的，而且在学术上也不能一定说是很大的损失，台湾虽小，但资料丰富，而且由于地形复杂，族群众多，它的史前文化里面包含着很多有重大意义的问题，台湾考古学所研究处理的资料与题材，有很多可以说是有世界性的意义的，其重要性并不在中原考古之下。

但是台湾考古不能孤立起来研究。台湾海峡的两岸在史前时代常属于同一个文化区域系统；这一点不论是在旧石器时代，还是在大坌坑文化或大坌坑以后文化时代，都是很明显的。从南岛语族的历史来看，台湾与东南亚、大洋洲又是分不开的。台湾考古工作者虽然目前只以台湾作为田野工作的领域，即必须熟知整个东亚、东南亚和大洋洲的考古学，才能充分了解与解释台湾岛内的考古问题。台大人类学系不但要教中国考古学的课程，而且最好能考虑增加日本考古学、东南亚考古学与大洋洲考古学的课程。台大、史语所与台湾史前文化博物馆三个研究机构的图书馆中是一定要收藏东亚、东南亚和大洋洲考古的重要报告和期刊的。

事实上，如果政治条件、人力、财力都许可的话，台湾的考古工作者亟须与大陆、东南亚和大洋洲交流，包括参加彼此的田野工作或共同设计与执行区域性的调查发掘计划。台湾考古工作者不妨尽早为这种合作计划做学术上的准备。

（三）资料优先。

在考古工作量很多，但人力不够时，从事考古工作者对各种工作先做后做的问题，面临困难的抉择。在这一点上，全世界考古工作者都有同病相怜的感觉，而他们作抉择的标准一般也都是一致的，即以资料的保存为优先考虑。这个问题在经济开发加速前进的台湾尤其严重：筑路、建造房屋、修水坝等等工事都不免引导到古代遗址的破坏与遗迹的湮灭。但"抢救考古学"有时也会导致重要的发现，如卑南、十三行两个遗址便是很好的例子。若由考古学者依照自己的兴趣或所欲解决的问题作标准，他们不一定在这个时候选择这两个遗址来挖，但这两处，一处要建铁路，一处要建污水处理厂，火烧眉睫，不抢救不行了,于是考古工作者赶紧挖掘,结果发现了台湾考古学史上最重要的遗址中的两处。

无论是哪一个学派的考古,说到最后都要倚仗资料。考古工作者所做的第一件事便是获取资料、保存资料、发表资料。资料妥善发表以后,其他人用任何方法都可以拿来研究。如果不在建设工程前面抢救,资料丢失了,便永远不能弥补。

(四)理论多元化、方法系统化、技术国际化。

碰到"台湾考古何处去?"这一个问题的时候,我们马上想到的便是将来的考古应当如何做的问题,也就是考古学的理论和方法的问题:我们的注意力应否集中于史料的收集?文化史时空关系的建立?文化变迁的动力(内部的或是外部的)的研究?新考古学或是"程序考古学"、"后新考古学"或是"后程序考古学"?考古学在台湾应走哪一个学派的路线?

在这一点上,我的建议是遵守中庸的原则而不走极端路线的。在这里让我先将上面所用的几个名词的意义解说一下:"'资料'是研究历史的客观基础;'技术'是取得资料的手段;'方法'是研究资料的手段;'理论'是研究人类历史的规律性的总结,并反过来指导具体的研究工作。"(引自《考古学专题六讲》,1986年,61页)根据这样的界说,我的建议是:理论多元化、方法系统化、技术国际化。

这几个"口号"的意义是很明显的,只需简短地说明。这中间我觉得最重要的是"技术国际化"。上面已经强调了资料的重要性,所以资料收集得越精细、越彻底,我们从考古遗址、遗物中所撷取的信息也就越多、越完全。所谓"国际化"是指我们采集资料需使用国际上最先进的技术,这也就要求我们的考古机构都需有完备到一定程度的仪器设备与专业的技术人员。同时这也要求考古学家与有关的科学家(地质学、土壤学、古植物学、孢粉学、考古动物学、考古冶金学、材料科学等等）要自田野工作一开始便开始合作，而不能限于田野工作以后的实验室阶段。从这个眼光来看，上面所说要积极培植、吸收的考古人才，还要包括"科学考古"的人才在内，在台湾的考古专业机构之中，只有中央研究院历史语言研究所考古组有一位科学考古专业工作者，这只能说是一个良好的开端。

取得资料以后，如何加以研究的方法，各个考古工作者可以各有巧妙不同，但求各人的方法明白清楚，可以解释出来，可以自圆其说的系统，所根据的理论，更不求统一，用大陆习用的说法来说，任其"百花齐放"，彼此竞赛便是。

《台湾史田野研究通讯》发刊辞*

台湾史是中国地方史，又是汉人移民史，但台湾史有异于中国其他地方史，也有异于汉人移民其他地区史。由于台湾收入明郑满清版图，台湾地方史料远较移民海外的汉人史料为丰富，但又由于台湾被日本割据五十余年，台湾史又有持续五十余年之久的对大陆史而言的封闭性。此外，由于台湾的岛屿环境、地理位置与地形的复杂特征，我们在台湾史的研究上，又必须采取比较鲜明的文化生态学的观点；又由于台湾岛上二十余万土著民族，台湾史里面包含着非常重要的土著民族史与"汉番关系"的新成分。

由于台湾史具有上述的重要特征，台湾史的研究在当代中国史学中占有一席特殊的重要地位。自从1986年的夏季以来，中央研究院集合了人文社会科学方面四个研究所（三民主义研究所、近代史研究所、民族学研究所和历史语言研究所）的力量，积极大力地推动了一项"台湾史田野研究计划"。这不但在台湾史的研究上，而且在中国史学史上也可说是一项可喜的事件。

历史语言研究所的创立人傅斯年先生在研究所《集刊》

---

* 原刊《台湾史田野研究通讯》第1期，1986年。

创刊号（1928）里面所写的《工作之旨趣》一文中，指出中国史学进步的关键如下：（1）"凡能直接研究材料，便进步"；（2）"凡一种学问能扩张他研究的材料便进步"；（3）"凡一种学问能扩充他作研究时应用的工具便进步"。因此，傅先生宣称历史语言研究所的人"不是〔仅只〕读书的人，〔而〕只是上穷碧落下黄泉，动手动脚找东西"！看六十年来中国史学之进展，傅先生这段话在今天还有很大的适用性。在台湾的史学家为台湾史料所环绕，在"动手动脚找东西"上，有天时地利人和之便，如果集中作台湾研究的田野工作，不但能够扩充研究台湾史的材料，而且可以直接刺激中国史学的进展。同时，台湾经济建设猛进，地上地下的史料面临湮没的危机，收集保存史料，也是积极进行台湾史田野研究工作的另外一个基本考虑。

"台湾史田野研究计划"已自1986年8月开始。在这个总计划之下，我们希望每年有三个到四个有一定目标的具体研究工作一起进行，同时进行的是各种文献资料的搜集和台湾史书目的编制。在各项计划工作进行之中，我们拟在这份《研究通讯》里面不断报告工作的进展，并盼同工学者随时加以督促。

台湾史必须包括原住民的历史[*]

狭义的历史指有文字的历史。台湾在汉人移入以前没有文字的使用，所以一般所谓台湾史是指汉人来到台湾以后的历史。在这部历史中，也有原住民的角色，但原住民的出现，一般是由于他们和汉人接触发生某种关系所以成为汉人的历史的一部分，而且原住民在历史中的面目完全是根据汉人的资料，用汉人的眼光来写的。

最近我在本院举行的"中国考古学与历史学整合国际研讨会"开会致辞中，提到近年来中国考古新发现，证明过去把中原说成中国文明惟一的源头的传统教条是不正确的，因为在中原以外发现了许多同时的高级文明。"我们逐渐发现从我们几十代的老祖宗开始便受了周人的骗了；周人有文字流传下来，说中原是华夏，是文明，而中原的南北都是蛮夷。蛮夷没有留下文字给他们自己宣传，所以我们几十代的念书的人，就上了周人的一个大当，将华夷之辨作为传统上古史的一条金科玉律，一直到今天才从考古学上面恍然大悟。"

从上面这个痛苦的教训，使我们不免对任何地区的历史都要检讨一下，这个地区由于文字之有无给我们造成的主观偏见。

---

[*] 原刊《台湾史研究》第1期，1994年。

从这个观点看台湾史，我们对台湾史始于汉人入台以后的历史这个传统，就不能不加以怀疑，甚至进一步加以挑战了。汉人在明末清初大量移民台湾，当时便和原住民有密切的接触，所以台湾在汉人前来以前已有人居自是一般的常识。这些居民在明清以前也为大陆东南沿海船民所知，偶有记载，最早的可能是三国时代沈莹所著《临海水土志》中所描写的夷州，自从19世纪末叶现代考古学输入台湾以后，原住民的遗址遗物被考古学者发掘出来，到了今天遗址已有千处，遍布全岛，证明台湾自更新世晚期以来便有人居，到今至少已有一万五千年的历史，说这一万五千年（或更长）的历史都是台湾史，应该没有人会表示异议的。

应该问的问题，不是说要研究台湾的历史该不该包括这至少有一万多年的原住民的历史。我相信在这上面意见是一致的。应该问的问题，是如何研究没有文字记载的这段历史，今天研究历史的方法，已经发展到非常广阔的阶段了。如果有决心研究，没有文字不是不从事研究的借口。没有文字？让我们用其他的工具！

美国社会人类学祖师瑞德克力夫·布朗（A. R. Radcliffe Brown）教授是不相信我们能够研究没有文字的民族的历史的；他说历史学者利用传说、神话、民间故事、比较习俗等等资料所拟测的历史，都是不可靠的，因为这些当代的资料在本质上是反映当代的。布朗的研究就仅只限于当代的社会与文化的结构，所以后人批评他的研究结果都是静态的，是没有时间深度的，但是布朗并不是惟一不碰历史的社会人类学者，大部分我所认识的社会人类学者都不碰考古学，也就是不碰历史，因为考古学是研究没有文字的民族的历史最主要的工具，在上述的"中国考古学与历史学整合研讨会"上，臧振华先生提出了一篇非常重要的文章，题目是《考古学与台湾史》。他说考古学在台湾史上面至少可以做三方面的贡献：史前史的重建，早期历史的探索，和移民社会发展模式的验证。在史前史的重建这一方面，臧振华先生将近百年来考古发现作了简单的综合介绍，并且指出已知的"台湾史前时代的文化……是先前修治台湾史者所难以企及的。考古的工作不只是为台湾的历史增添了新的史料，而且也将台湾有人居住的历史推早了上万年"。这样看来，考古学在台湾史上原住民的历史的研究，已经做了很大的贡献。

考古学的研究是对古代原住民历史文化的直接的研究。我们根据现代原住民当代的语言文化资料，对原住民的历史也有许多重建的途径。首先想到的是原住民自己对他们的历史的传说。数十年前日本学者佐山融吉、小川尚义、马渊东一等人根据高山族自己历史的传说，将每一族在岛内从一个个的旧社迁徙到一个个新社的历史经过和具体的路线，作了详细的复原，固然每一段迁徙历史不一定都是可靠的，但这批材料可说是台湾史内原住民部分最为重要的文献。历史学者说它不可靠，常常是代表一种主观的偏见，这令我想起《古史辨》的情形。民国初年，顾颉刚、钱玄同等一班人向由传说建立起来的古史宣战，将三皇、五帝和夏代都归入传说的范畴，以商为中国史之开始，将商以前的古史都寄望于考古工作。数十年来的考古工作，的确产生了一部崭新的古史，但在很多方面，也同时证实了传说中的古史里面很多内容的可靠性，而且看来夏代的证实也是指日可待的了。我们也没有理由从原则上便不相信台湾原住民的迁徙传说可能有真实的历史成分。我们大可以按图索骥，沿着传说中的迁徙路线作考古调查。

除了考古学和原住民集体记忆和口述历史之外，研究台湾史内原住民的部分的方法还有许多，就看我们要不要积极地去做。历史语言学、比较民族学、体质人类学，都是研究台湾史里面原住民成分的显著的方法。我想不出任何理由不把原住民的历史作为台湾史的一个基本的成分。

台湾应有像样的地方性历史博物馆[*]

我这个学古代史、考古学的学生，每到一处必先去参观当地的历史博物馆；每次旧地重游，头一个重游之处也必是当地的历史博物馆。我总觉得从一个地方的历史文物可以看出这个地方的文化精神，而且从一个地方对它自己历史文物的处理可以看出它对自己的历史、文化的态度和价值观念。

今年 8 月我在台湾各地又参观了好几个博物馆；这里面有的还是初见，有的是老朋友了。这次"博物馆行脚"所得的一个深刻印象，是国家性的博物馆与地方性的博物馆在规模上与在"现代化"的程度上彼此之间强烈的对比。国家性的博物馆好极了，与世界上第一流博物馆比较起来毫无逊色。地方性的博物馆则很可怜，屋子里热、蚊子多、灯光暗，而它里面价值连城（至少是文化价值连城）的文物很少得到适当的维护。

前一类的博物馆以国立故宫博物院为最。这个博物院藏品的价值是不必说的了；在我所看到过的中国美术考古博物馆里面，专从藏品来说，尤其是以书画、瓷器和珍玩来说，是没有一个地方能相比的。国家为了这批藏品在展室的设计与装备上

---

[*] 原刊《中国时报》副刊《人间》，1986 年 9 月 5 日。

不遗余力。台湾的民众有这个博物馆可见是十分幸运的；外国的游客看了这个博物院便没有白来台北一趟了。我在这里好像是为故宫博物院写广告做宣传似的，其实不用我说大家都已知道。所以政府花钱在这个博物院上，我要说是很值得的。

可是后一类即地方性的历史博物馆也值得国家花钱；由于它们基础薄弱，因此更需要政府花钱来扶持。但在这方面我们似乎十分吝啬、十分小气。

地方性的历史博物馆有以汉人文物为主体的，有以高山族、平埔族和他们的史前文物为主体的。汉人的文物在社会上应该比较受重视；数年前文建会审定的一批"一级"古迹，如台南赤嵌楼等，便都是三百多年以来汉人移民台湾所遗留的。但是我还没有看到过一个像样的以汉人历史文物为对象的博物馆。这里所说的"像样"是指房屋设备的条件以及陈列的安排而言，并不是指文物本身。例如鹿港的民俗文物馆和台南的永汉民艺馆都有非常丰富的传统汉人物质文化的代表；鹿港的民俗文物馆更有一座宏丽的建筑作为馆址。但这些博物馆都谈不上文物的保存和现代化的陈列，更谈不到维持恒温恒湿。夏天去参观的人在炎热的温度与蚊虫的压逼之下也谈不上仔细欣赏研究。我相信把这两个博物馆加以"现代化"所需的款项，恐怕不需故宫博物院建造维持费用的百分之几罢。

上面说过，故宫博物院是个伟大的博物馆。我在这里却无法回答故宫博物院与鹿港民俗文物馆或台南永汉民艺馆哪个更为重要这个问题。从表面上看，两者根本不能比较：一个是中央皇帝宫廷中的收藏，一个只代表边区比较中下层人家的物质文化。但对研究台湾史的人说来，"天高皇帝远"，皇帝的东西虽然富丽，但与我所欲研究的地方乡土史不关宏旨。如果我们想了解17到19世纪中国的一个地方乡镇中士绅和农民家庭中的生活，地方历史博物馆的价值更大。再从历史博物馆的国民"认同"上面所扮角色的问题上说，认同有不同的层次：一个地方的国民在最直接的一层是要对地方乡土文化来认同的，然后一层层逐渐上升，最后到对中原文化、对宫廷艺术的认同。从这个意义上说，故宫博物院是极为重要的，而地方性的历史博物馆也是极为重要的。

至于高山族、平埔族，与史前考古学的博物馆，我所知道的官方博物馆有三个比较大而且重要的，即省立博物馆、中央研究院民族学研究所的标本陈列室，与台大人类学系的标本陈列室。由于光复以来高山经济的急遽发展，传统的高山手艺已逐渐被现代工艺所取代，而传统的工艺美术品现已所存无几，而这几个博物馆的藏品（有的是自日据时代便陆续入藏的）可以说是台湾所拥有的一批有全球第一等学术价值的文化资产。可是我们的博物馆对这批"无价之宝"是怎样照顾呢？中央研究院民族学研究所去年迁入新馆，它的高山族和平埔族的文物得到了现代化的维护条件，令人非常欣慰。反之，台大人类学系的标本室虽然有教授们的悉心照顾和研究，却因缺乏经费，没有专人管理，更谈不上现代化的维护。其中用石头陶土作的器物应该还能保存下来，但木头、竹藤、织布等原料的工艺品，如果不赶快移入恒温恒湿防虫的设备，恐怕几年之内便会遭受到无法挽救的损失。省博物馆的藏品也是极为珍贵；它的保存情形我不熟悉。十多年前去看时，情形与台大相似，如今不知有所改善否。

与土著民族学博物馆有关的还有把考古遗址保存下来的陈列室或附带的博物馆，如北京的世界闻名的周口店北京猿人遗址，西安的半坡博物馆和临潼的秦始皇兵马俑博物馆。近年来发掘中的台东卑南遗址，规模大，遗物丰，学者屡有在原地建造博物馆之议，希望能早日实现。此外，如台东的八仙洞、台北市的圆山、台北县的大坌坑等遗址，在台湾考古学上有重大的学术价值与历史意义，也值得保存、陈列。

地方史是中国传统史学的基层，而台湾的地方史在中国史学上要占有一席重要的地位，因为台湾地方史的资源是特别丰富的。中华民族是一个多元的民族，而其中的汉族也是一个多彩多姿的民族。我们的历史博物馆也应当反映这些个事实，在我们下一代青少年的教育上才能正确地强调各个民族的共同贡献与各个区域各个地方的重要性。在故宫博物院我们该花大钱，在地方性的历史博物馆我们也该花大钱。

关于台湾省历史博物馆的几点建议[*]

两年以前我在《人间》副刊曾经写过一篇小文，题为《台湾应有像样的地方性历史博物馆》。在这篇文章里面我表示希望有力者或有资格者肯考虑盖一个台湾地方性的历史博物馆。最近我辗转听说政府已决定拨款起建这样的一所现代化的博物馆，在规模上可以和台中的科学博物馆相比。这个消息如果可靠自然令我喜出望外，决定把我对这个博物馆的若干想法提供出来，以供主其事者参考。

一、我希望这个博物馆的主题包括史前史，也包括历史时代。换言之，这个历史博物馆的"历史"两个字，包括"原住民"（高山族和平埔族）的历史和汉人的历史。台湾现有的历史博物馆，据我所知的，或是专门收藏与陈列原住民历史文物（即史前考古遗物）的，或是专门收藏汉人文物的。可是原住民的历史与汉人的历史都是台湾历史的不可缺的成分，而且原住民与汉人的交往关系正是台湾历史的一个重要内容。我希望这个新的博物馆把这些台湾省历史的主要成分完全包容进去。

二、我希望这个新的台湾省历史博物馆具有质量高的研究

---

[*] 原刊《中国时报》副刊《人间》，1988年9月28日。

部门。台湾的史前史和汉人移入以后的历史时代都是学术意义很大的研究对象，这一点应该是不需要加以注解的。既然如此，这两门学问的内容与成果日新月异，如果没有站在研究前线的研究人员从事研究工作，这个博物馆的收藏品与陈列就一定赶不上时代。同时，我在《人间》副刊最近一篇拙文（《台湾考古学者该与福建和东南亚交流了》）中，建议台湾的考古学者考虑与国际学者合作来研究东南亚与大洋洲的古代史。以台湾人力财力资本之雄厚，台湾学者在这个区域很可能会起共同领导的作用。这个新的博物馆很可以在东南亚、大洋洲远古史研究的国际合作上做一个研究的大本营。为此，它需要第一流的研究人员和第一流的科学设备与图书设备。

三、假如上面的建议被决策者采纳，或决策者早已有此想法，那么这个历史博物馆显然要设立在台北或台北的近郊。尤其如果这个博物馆要做国际研究的一个营地的话，它很可能常常要做国际会议的主人，并且可能常有访问学者。这样的话，它如果在台北附近还可以与中央研究院和台大人类学系和地质系等有关机构做工作上的联系与整合。

四、这个历史博物馆可以看作全台史前遗址历史古迹网的核心。在我的想象中，这个博物馆不是一座古堡，孤孤单单地坐落在台北附近，而是全台诸多遗址古迹连锁起来的一个中环。我想像这个博物馆与各地的诸多遗址古迹之间有某种密切的联系：若干遗址古迹也许还可以收入为博物馆的地方支部。这中间最重要的若干史前遗址，如台东县的卑南和八仙洞，不妨考虑建造为现场遗址，覆以屋顶，伴以陈列室与研究室，作为历史博物馆的延伸。

政府对走私文物市场有无政策?*

今年 7 月在台湾看到两个现象,都与文物走私有关。一个是台湾民间古建筑上的木雕或刻绘艺术品不断被人偷窃到市场上去出售。另一个是古董商场上充满了经由香港或其他地点走私出来的大陆古物,其中有第一等的艺术品。

我没有查阅政府历年公布放行的文物保管法,但我相信这两种现象都属于不合法的活动。法律的问题且不管,这两种活动都对中国文物有极大的损害性,这种损害是无可补偿的。

先谈大陆的走私古物,因为这个问题从台湾的市场上说比较复杂。大陆近年来古物走私猖獗,这是大家都知道的。在近年经济改革新制之下,人人都尽量"发掘"财源,而丰富的地下文物便成为"发掘"的对象,这几年的走私活动,对中国古代文物的损坏很大,因为它牵涉到未曾出土的文物,所以在盗掘的过程中就毁坏了无可挽回的历史信息。对这种活动的取缔,自然是大陆上政府的责任。事实上,取缔的活动也很积极,但仍有大量珍贵文物流落到香港、澳门。这次我回到台湾才知道这些文物又有不少(包括精品)流落到台湾的古董市场上来。

---

* 原刊《中国时报》副刊《人间》,1988 年 8 月 23 日。

对台湾古董市场上的大陆走私古物应当采取什么政策？这是个很难回答的问题。上面说取缔大陆上古物盗掘与走私出口是大陆上政府的责任，但古物的损失是中国文化传统遗产的损失，从台湾的重视中国文化遗产的态度来看，也是令每个人都痛心的事。海外古董市场的生意越好，大陆上文物盗掘活动就越厉害，对台湾古董市场的政策自然便基于这件基本的事实。

台湾本地古建筑上艺术品的盗卖的取缔，则显然是政府的责任。有不少古建筑，年久失修，也没有人看管，要想防止盗窃是不现实的。但是如果这样艺术品的出售是违法的，又如果政府认真执行法律，把市场上非法取来的古建筑物艺术品的出售彻底取缔，那么这种艺术品的偷窃便成为无利可图的行为，应该会逐渐减少的。

我再呼吁一下建立台湾地方历史博物馆。如果年久失修的古建筑，终于遭受坍坏的命运，它上面的艺术品应当有个正当的归宿。

抢救圆山遗址[*]

最近回到久违的台湾,正逢圆山动物园的大门开放的最后几天。不久这里面的"住客"便要搬移到木栅新居去了。属于台北市的圆山动物园这一块土地如何处理,据说还在商议讨论之中。无论将来做何决定,目前这一段时期正是旧新交替的阶段,对于圆山动物园内的"在台湾史前考古学上极为重要的圆山考古遗址",应该如何保存或处理的问题,目前正是做一个明智决定的千载难逢的机会。

圆山这个小丘在远古时代台北盆地还是沼泽的时候,就已经是一个面积很大、持续很久的聚落,当时住民的文化已相当具有特色,且颇为发达。后来台北盆地底部形成肥沃的平地,圆山的村落渐为人所弃,而成为一个考古学上的废墟了。这个废墟到了19世纪末,日据时代的初期,为日本考古学者所发现。嗣后并经过不少的调查与发掘。这个重要遗址的发现与调查经过,以及这些调查与发掘所揭露出来的古代文物之重要性,中央研究院的刘益昌先生曾做过详细的讨论,而且最近台大人类学系的连照美教授也在为国家科学委员会所做的调查报告中提供了客观的说明。

---

[*] 原刊《人间》杂志14期,1986年。

我自己从事台湾的考古工作已有三十多年了。我的这些工作也可以说是自圆山这个遗址启蒙的。1953年初，我是台大考古人类学系三年级的学生，上石璋如教授的考古田野实习课，正好是以圆山遗址为实习发掘对象。我们相信古代住民的主要生活活动和他们的房屋都是在圆山顶部比较平坦的地面上的。但是这片平坦的地面正是动物园的所在，不是盖了有铁栏杆的水泥房屋，便是供游客使用的场所和道路，是不可能做发掘调查的。我们的实习工作便集中在山坡上面的所谓"贝冢"区域。古代的圆山距离河岸很近，当时的住民喜爱河水中大量生产的几种蚌类，所以他们的食物垃圾里面有大量的贝壳。这些垃圾常倒弃在沿着山顶的斜坡上，沿着斜坡堆积得很高很厚，所以有"贝冢"之称。我们在贝冢中挖到当时人类生活和活动的许多残余物品，包括石器、骨角器、玉器、陶器碎片，以及鱼兽骨骸、贝壳等等。过去日人的调查物品里还有小件铜器，可是我们没有找到。从这些器物的形制里，我们得以了解"圆山文化"的特征及其邻近其他文化的关系；从这些器物的用途和制作，以及同时发现的骨骸等遗迹，我们可以推测当时的生活方式。在贝冢的一区我们还发现了几个墓葬。从这墓葬中的头骨看来，圆山时代的住民有拔齿的习俗。

关于圆山时代文化的详情，对当时人们生活的复原，以及圆山这个遗址的全部历史，要谈起来恐怕一时谈不完，还是留给专家们去谈罢。但在这里应该一提的是，在1963年我和台大的宋文薰教授一起又去圆山贝冢采了几件贝壳送到耶鲁大学的放射性碳素实验室去分析，得到了几个碳14的年代——这是台湾考古学史上第一批碳14的年代——而知道了圆山文化的年代始于公元前第三个千纪，距今四千多年！

1952年去采贝壳时，看到圆山贝冢又遭受到严重的破坏，只剩很窄的一条了，如今又过了二十多年，据说这个遗址又遭受到进一步的破坏，所存已经无几，最近关心这个遗址命运的人们正在大声疾呼，希望有关的政府单位——不论是内政部、教育部、文建会，还是市政府——执行1971年总统府公布的文化资产保存法，将圆山贝冢的仅存部分加以有效的保护。

不消说，我对这种呼吁是全力赞同的。更进一步，我还希望市政府趁动物园迁居，新建设尚未动工这个良好的机会，委托考古学者把圆山顶上平坦地面做一番彻底的调查，看有多少遗址遗物还值得发掘保存。如果我们的猜测不错，这上面是当时村落房屋所在，而当时的遗迹遗物还有保存的话，我建议市政府考虑在这里建盖一所永久的博物馆，把部分的圆山遗址加以保存并且加以复原，使它成为国民教育的有力工具。

古迹的保存有它消极的一面：那块地作为指定保存的古迹，便不能用来做经济的建设。但是只要是值得保存的古迹，必定有更大的积极价值。我们难道愿意生活在一个物质条件极端富裕，但是完全缺乏历史标志的社会里吗？例如北平城墙的拆除，在城市的现代化上面也许是有必要的，但是我到今还没有碰到过一个对这事不表极度遗憾的人。圆山遗址是台北最大最重要的遗址，也是全省最大最重要的遗址之一。它在台湾考古学史上有独一无二的地位。今天我们如果坐视它的湮没，将来再觉得悔恨、遗憾，便来不及了。可幸的是，现在正是有所作为的良好时机。

台湾考古学者该与福建和东南亚交流了[*]

考古学在台湾已有九十多年的历史,在岛内的成绩是辉煌的。我们知道台湾自旧石器时代便有人居住。我们对东西两岸的古代文化史,自史前时代一直到历史时代,都已经有了大概的了解,对若干遗址,如台北的圆山贝冢和台东的八仙洞与卑南,更知道了许多细节。台湾大学的考古人类学系是在四十年以前成立的,在这四十年以来培养出好几代的考古学者。台湾考古研究室在中央研究院也已成立了 17 年,也是台湾考古的一支生力军,总而言之,台湾考古学资本相对来说比较雄厚。我觉得把这批资本向岛外投资的时刻已经到了。我们甚至可以说,今日台湾考古学的前途,除了在岛内要进一步做更多更好的工作,也要靠向岛外的发展。

古代的台湾有四通八达的文化交流,而且在大陆与海洋文化的关系上,曾经扮演过重要的跳板作用,我们今天研究台湾的古代史,自然不能不把这些外面的文化关系作为研究的对象。往西边看,台湾海峡邻近地区,包括浙江南部、福建、广东东部和台湾的澎湖在内,在历史时代和史前时代都是曾经有过文化活动的整体单位。在考古学上现在所知道的最重要的一

---

[*] 原刊《中国时报》副刊《人间》,1988 年 9 月 14 日。

段文化史，是估计在公元前5000年到公元前2000年前后一种以绳印纹陶器和贝印纹陶器为代表的遍布海峡两岸的古代文化的历史。这种文化现在已经在不少的考古遗址发现，包括台湾的大坌坑（台北八里乡）、八甲村（台南归仁乡）和凤鼻头（高雄林园乡）、福建的溪头下层（闽侯县）、平潭岛的几个遗址和金门的富国墩，还有广东潮安的陈桥。最近有一篇文章（《中国东南海岸考古与南岛语族起源问题》，载《南方民族与考古》第1期，1987年）专门讨论这个文化，提出来它是后日南岛语族的祖先的假说。太平洋地区的考古学者研究讨论多年的一个课题，便是广布于太平洋南部岛屿区域的南岛语族（又称马来玻利尼西亚语族）的起源问题，可见台湾海峡这个远古文化的重要意义乃是世界性的。

台湾海峡这个重要文化（可称之大坌坑文化）的研究一向是很困难的，因为台湾的考古学者只能看到这个文化在台湾的一半，而福建、广东的考古学者只能看到福建、广东的一半。专为台湾的考古学者着想，只有一半文化，对了解这一半文化自己都是不够的。我在写这几句话以前并没有征求我的台湾考古同仁的意见，但我相信他们如果有去福建、广东参观考古遗址、研究考古遗物，甚至在当地同仁引导之下从事考古发掘的机会，他们一定愿意前去的，因为这样可以对台湾这一半文化增加更进一步的了解。在目前政治局势之下，这当然是一个敏感性的问题，但我相信如果专从学术的立场来看，应该是没有人在原则上不加赞成的。

往东南亚发展，应该没有任何政治性的问题罢？台湾的史前文化显然是台湾原住民族的祖先文化，所以台湾的考古学与南洋的关系是非常接近的。台湾考古学的初期，很多人相信原住民的远祖是自南洋北渡而来的。后来台湾与大陆史前文化的密切关联被认定了以后，很多人又相信南洋的说南岛语的民族可能是台湾古代民族的后代。无论如何，研究台湾考古的人对南洋的考古是一向给予密切的注意的。现在台湾考古学既有雄厚的资本，何不把注意力转向南方，与东南亚和大洋洲、澳洲的考古学者合作研究？现在考古学上对国际合作有一定的成规，如果我们采取主动，提倡与菲律宾、印尼、马来西亚、澳洲、纽西兰，以及其他东南亚、大洋洲国家的考古学者从事考古合作，我相信对两方面都有益处。

在国家建设、文化建设上，考古学也许是件小事。但是就从这件小事的发展雄图上，我们也可以部分看出主事者的胸襟、眼光与魄力。而且从我们从业者的立场看，考古学岂是小事？

四 一个考古工作者的随笔
——《中国文物报》专栏

写在前面的话

《中国文物报》学术版编辑先生向我邀稿,我提出了写一个"一个考古工作者的随笔"专栏的建议。这个建议居然得到编辑先生的首肯,于是就从今日始。

中国文物考古工作者里面知道我这个人的,都知道我在1931年生在北京,1946年回到老家台湾,1950年考入国立台湾大学考古人类学系,1954年毕业,1955年负笈留美,入哈佛大学人类学系进修,1960年获哲学博士学位。嗣后我便一直在美国大学里教考古学和中国考古学,并且多年来在台湾做田野考古。自1975年以来访问中国大陆多次,与国内的许多文物考古工作者熟识。

上面写了这几行小传的目的,是向读者说明我虽然是一个专攻中国考古学的考古工作者,比起一般国内的同行来,我却是一半在内,一半在外。我在中国考古学上对人对事的看法,虽因此易于流于浅薄,亦可能有旁观者清的一面,至少可有与国内的共识不同的地方。我一直在想选出一些题目,写一个系列的论文来详加讨论。但是多少年来一直忙碌不堪,没时间来写长篇大论。如今若用随笔方式写出,可以早些提出来一些很急迫但未必成熟的看法来供读者参考,请读者指教。

写什么呢?我想到的一些题目大致上可以分为四类。第一类是考古学上学术性的题目,例如在上星期的《中国文物报》上我们看到了一项新的考古发现,又看到了一些研究线索,便在下一次的随笔中,说说我看到的意义和研究线索。第二类是谈人物的随笔。我想谈的人物,有已作古的,也有健在的;有中国人,也有外国人;要谈的题目当然是与考古有关的。第三类的随笔是国内国外发生的考古时事,例如文物走私,北大新博物馆开幕,海峡两岸考古合作问题等等。第四类的随笔是对国内外考古书籍论文的选评。

谈"图腾"*

在考古学的书籍论文里面，常常看到的"图腾"这个名词，是指称在古代器物上的动物的图像。例如，半坡村的仰韶文化的陶钵上画着鱼形，于是鱼便是半坡村住民的图腾。殷商青铜器上铸有虎、牛、蛇，或是饕餮的纹样，于是虎、牛、蛇、饕餮这些实有的或是神话性的动物，便是殷商民族的图腾。但是"图腾"有什么意义呢？我们怎样来证明它是图腾呢？这些个问题便很少见有人加以处理。

我有一个建议：在中国考古学上，"图腾"这个名词必须小心使用。

"图腾"这个名词来自英文的 totem，而这个字来自北美印第安人奥吉布瓦（Ojibwa）人的语言里 ototeman 这个字。我不知道中国考古学者所用的图腾这个名词是从哪里借用来的，但这个名词在中外人类学上使用起来，它的含义是很清楚的。1990年出版的《简明文化人类学词典》（陈国强主编，浙江人民出版社出版）里面讲"图腾"的定义是：图腾观念的象征物，有"亲属"和"标记"的含义。原始人认为某图腾与本氏族部落有着亲缘关系或某种关系，因而把它当作保护神并以

---

* 原刊《中国文物报》，1993年8月22日。

它作为氏族部落的标志和名称。大英皇家人类学会出版的第6版《人类学田野工作手册》里给图腾下的定义是：一种形式的社会组织和巫术宗教行为，其中心特征为部落中若干社团（一般为氏族或宗族）与某些生物或无生物的结合。这本书给图腾所做的最广泛的定义说，我们可以用图腾这个名词来指称下述三种现象之同时出现：部落的全部人口都分成图腾群而每群各有与图腾物之结合；各群与其图腾之关系相类；各群之成员一般而言不得改变其所属群。

从这两个最一般性的参考书看来，个别的图腾一定要与个别的社会群相结合。再看国内最为流行的摩根的《古代社会》（商务印书馆1935年译本）中也说："在阿吉布洼部族中，往往发音为dodain的图腾一词，是表示氏族这象征或徽章的。"换言之，要确立图腾的存在，要先确立氏族的存在。可是，确立了氏族的存在并不等于确立了图腾的存在。

半坡村的住民是不是用鱼做图腾呢？这里有氏族组织是可能的，但是说半坡的氏族以鱼为图腾，我们必须将鱼与个别的氏族的密切关系建立起来，同时将其他氏族与其他图腾的密切关系也建立起来。现有的材料中建立这两项关系似是不可能的。殷商青铜器上的虎、牛、蛇和饕餮如果是图腾，它们就应当各别地与虎氏族、牛氏族、蛇氏族和饕餮氏族相结合。从青铜器的纹饰在器上的分布和在遗址中的分布看，这种结合恐怕是无法建立的。

中国考古学上能不能找到图腾呢？我想如果有就可以。但图腾只能在考古解释程序的最后一步去找，而不能在第一步便假定下来。我相信在中国考古学上要证明图腾的存在是很困难的。

介绍林寿晋《先秦考古学》*

近几年来中国考古界比较资深（或更直截了当地说，已进入老年的我自己这一代的）的学者之间，有出论文集的风气。眼前书架上便摆着安志敏、佟柱臣、俞伟超、张忠培、严文明和汪宁生各位先生的论文集，而且我记得另外还有。这中间有一本，不是在国内而是在香港出版的，因此可能有很多人不知道。这便是亡友林寿晋先生在生前自选的《先秦考古学》（香港中文大学出版社1991年版）。

林寿晋先生（1929—1988）虽然在国内考古界很有地位，但在1975年便移居香港，今天的年轻考古学家对他不一定很熟知。他是北大历史学系考古专业1954年毕业的。他在北大毕业以后，一直在中国科学院考古研究所工作，直至移居香港为止。在考古所工作期间，林先生所做田野工作，遍及华北，但他最重要的工作是河南三门峡上村岭虢国墓地与洛阳中州路的发掘。这些发掘的资料给东周考古年代学第一次定下可靠的标尺。

《先秦考古学》的核心是第5章到第9章讲上村岭虢国墓地的一般特性和屈肢葬与车马坑这几章，和第10章到第13章

---

* 原刊《中国文物报》，1993年8月29日。

主要根据洛阳的材料对东周陶器、玉器和铜剑的讨论。这有的是从上村岭和洛阳中州路考古报告里选出来的，有的是以前在期刊中发表过的文章。这些都是非常精彩的论文，今天看起来并不过时，可惜我们无法知道林先生对 1990 年和 1991 年在上村岭墓地中新掘出几个大墓中新出土的大量文物（尤其是铁器、玉器和遣策）的意见了。

这核心的九章前面选了四章林先生讨论中国史前文化的文章，都是林先生到了香港以后的新作，可见他在考古学上新开展的一方面。书最后两章是林先生对东周和战国考古的概述，原是林先生对 1958 年出版的《考古学基础》和 1961 年出版的《新中国的考古收获》两书东周和战国部分的贡献。这两章从今天的材料来看，似乎有些过时，但专就这个在中国古代史上极为重要的一个阶段的基本特征的综合讨论上看，这两章还是今天的必读书。

台湾大学考古人类学系创立 44 年 *

5月底到北大参加考古系博物馆开幕典礼,正好赶上北大考古专业成立四十周年纪念庆祝活动的尾声。我承考古系不弃,受聘为客座教授,也参加了庆贺,对北大考古专业四十年来给中国考古学界培植人才的贡献,赞羡不已。

从北大想到我的母校台大,不由得想起来台大的考古人类学系的创立,比北大考古专业还要早三年。1949年,中央研究院把好几个研究所迁去台湾,在战前发掘安阳殷墟的历史语言研究所是其中之一。所长傅斯年先生同时是台湾大学的校长。一方面他想趁机利用史语所的人才,一方面他也不得不设法为一些同仁谋生活,傅校长便在过去的台北帝国大学土俗人种教室的基础上,1949年在台大文学院创立了一个考古人类学系。这系教授主要阵容来自史语所第三(考古)和第四(人类)组。

考古组过来教书的有李济、董作宾、石璋如和高去寻,人类组来教书的有凌纯声和芮逸夫,芮先生兼管标本室。(标本室和图书馆都是日本教授移川子之藏留下来的,内容非常丰富。)另外做专任教授的还有陈绍馨,教社会学;历史系聘任

---

* 原刊《中国文物报》,1993年9月12日。

担任本系必修课的有李宗侗（玄伯）、刘崇鋐和劳榦。这个阵容是相当强大的。

1949年级投考进来的本科生只有一名女生，叫祝启秀，但另外有两名男生从二年级转了进来：历史系的李亦园和外文系的唐美君。祝启秀念了一年便离开台湾，回到上海去了，后来在复旦大学做到国际政治系副教授，现已退休。1953年毕业的李、唐两人，后来都执台湾文化人类学界的牛耳（唐已故）。1950年考入的有五个人，但只有三个在1954年毕业：任先民、林明汉、张光直。任专攻文化人类学，张专攻考古学，现都在美国任教，林毕业后转职银行界。1951年考进来有五个人，但只有三个在1955年毕业：陶树雪、许世珍、丘其谦。1956年、1957年和1958年都只毕业一个人，依序为温遂莹、杨君实和乔健。这些早期的毕业生好像只有我一个人是学考古的，其余的都走了文化人类学的路。

教员的阵容继续充实，1950年以后应聘来教的有教授卫惠林（原中央大学）、讲师陈奇禄（上海圣约翰大学毕业）和助教陈楚光（商承祚先生的弟子）、何廷瑞、宋文薰（何、宋都是本校历史系毕业的，何攻文化人类学，宋攻考古学。宋文薰的毕业论文是在李济指导下写的，题目是《台湾史前陶器的研究》。宋是台湾出身的考古学者中的大师兄）。稍后又应聘来兼任，教体质人类学的有史语所的杨希枚。今天来看那50年代初期教授的阵容，可说是一时之选，可是已相继凋谢，只有石璋如和劳榦两先生硕果仅存了。

1950年入学的我那一班，四年中的专业课如下：一年级：考古人类学导论（李济）；二年级：史前史（李济）、中国古文字学（董作宾）、民族学（芮逸夫）、中国民族志（芮逸夫）、中国考古学（高去寻）；三年级：社会学（陈绍馨）、体质人类学（杨希枚）、语言学（董同龢）、民俗学（陈绍馨）、中国古器物学（高去寻）、民族调查方法、实习（凌纯声）、中国上古史（李宗侗）、人体测量（李济）、专题讨论（李济）；四年级：美洲民族志（陈奇禄）、田野考古方法实习（石璋如）、毕业论文（李济）。

建议文物考古工作者熟读民族学*

1964年我在香港商务印书馆买到一本《西安半坡》，当天就很兴奋地看了一遍，觉得是我所看过的中国考古报告中写得最好的一本了，因为在这本书里遗物、遗迹是用"人"的观点来分析、写作的。书里有叫"半坡"的一个农村，村人的社会、生活、各种作业活动，都有根有据地很生动地复原出来，这种做法，正是四五十年代英、美青年考古学者所提倡的所谓"人类学"的研究法，我很高兴地看到中国已经实行了。书里说它的主要作者是位石兴邦先生，这位石先生要到十几年之后才得见面。我们一见如故，结为至交。熟识以后，知道他出身南京中央大学边政系，与他的教师（也是我的老师）凌纯声、卫惠林等先生学过文化人类学，因为他有人类学的眼光，掌握了人类学的方法，所以他写的《半坡》报告，有"物"也有"人"，这本报告出版已有三十多年了，到今天还是一本好书。

文化人类学（或称社会人类学、民族学）研究全世界各种不同文化习俗与社会制度，具备所有种类的蓝图，这些习俗与制度，在考古遗址里面，只有一点物质痕迹残留。不熟知文

---

* 原刊《中国文物报》，1993年10月31日。

化人类学的考古工作者,很自然地将这些遗物只当作物质文化处理。熟知各种习俗制度蓝图的考古工作者,便有可能根据残存的部分将全部习俗或制度复原。在中国考古学上最好的例子,是汪宁生先生对八卦和骨卜的研究。西南少数民族里有用竹签占卜的,他们占卜的方式,可以解释八卦的形状。又有用羊肩胛骨占卜的,他们解读卜兆的方法,也可能是殷商卜人的方法。我自己研究中国考古和古代史,在观察材料的时候,满脑子都是文化社会的无数蓝图,随时准备抽出那个能够把材料复原为制度习俗的一张图来。人类学的蓝图帮助我提出许多问题的新解释,如仰韶文化中的巫师,商周青铜器上动物纹样的沟通天地作用,商王庙号与王位继承制的关系等等。

但是,从另一方面来说,在考古学上要使用民族学的资料或原理,必须非常谨慎。首先,民族学中的原理,通常有有限的适用性,绝不能把它做教条用。根据摩根的《古代社会》说某个早期原始公社是母系社会而拿不出独立的内部证据来证明它是母系,便是教条主义。亡友李光周先生根据陶制纺锤类型少,石制网坠类型多这件事实,参考了工具类型在现代氏族社会中分布的现象,主张台湾南部的垦丁遗址是个母系或至少是夫从妻居的社会,因为男人使用的网坠可能来自许多不同的聚落,所以类型复杂。这个推论,是否能够成立,可以有不同的意见,但李先生这个方法,便不是教条主义。

其次,在民族学蓝图与考古学、历史学史料之间,史料为先。不能拿史料去凑合蓝图,要用蓝图去对拼史料。读民族学,也要像读别的书一样,必须融会贯通,切忌半瓶醋的读法。我建议大学考古和先秦史专业的课程里都必修重部头的民族学课。

要是有个青年考古工作者来问道*

有大才、有大志的年轻人，很少有学考古学的。我有时白日做梦，梦见天资好，人又天真又用功的中国青年，志愿以考古为终生事业，来问我这个老年考古学家对他（她）有何指示，这虽然只是梦境，我还是将答案准备好，以防万一。

首先，我要向他道喜，因为他选择了一项前途无量的学科。我不能说考古比别的学科都有出息，但是我可以说这是一门比较年轻的学问，亟待解决的问题特多，人人有机会做突破性的贡献。同时，要考古一定要做田野工作，我想不出比田野考古更大在精神上的享受了。

可是，换过来说，我也要警告他，你假如想发财，最好去做别的行业。

我要告诉他的第二件事，是要敬老尊贤。考古学这类人文学是科学也是艺术。抓问题，找答案，固然有科学原则可循，但一生堆积起来的经验，常常是一个学者最大的本钱。

可是，我也要告诉他，我们这一代的老年学者，常有一些不良的习惯，背着沉重的包袱。我们因为多年来在一个小圈子里面一起工作，不免有种种的恩恩怨怨，人与人之间常形成派

---

* 原刊《中国文物报》，1993年11月7日。

系关系。你们年轻人万万不可卷入。假如有人要拉你入伙,便躲他远远的。同时,我最不赞成中国传统上的师徒关系。去找老师学本事,应是跟他"学",不是"跟"他;他给你教育,是"教"你,不是"带"你。你要去许多老师那里去汲取每个人的精华,然后加以融会贯通,创造成自己的学问,这样才能"青出于蓝而胜于蓝"。如果只"跟"一个老师,了不起你跟他一样,不然的话就是一代不如一代了。如果有位老年考古学家,坚持你只许跟他学,或是不许你有你自己的看法,我就建议你另请高明。

第三点我准备说的,是要建议他不要把他要念的书限制在考古学内。最理想的是要将所有有关中国史前与上古的学科都搞熟悉。我们常常把本来是人工区分的各门学科当作现实的范畴,说我要做这个便是这一行的,要做那个便是那一行的。所以学考古的便不搞古文字,学上古史的便不去田野。可是今天再这样做便是作茧自缚了。你要学旧石器时代文化的话,除了学石器以外,至少还要学地质学和古生态学,要学新石器时代文化,就还得学植物地理学和原始社会学,要学三代历史的话,就要学考古、经籍、甲骨、金文和早期王国民族学。你看,念考古不是挖挖死人骨头就成了,它是很复杂的社会人文科学。它的难在此,它的乐也在此。

最后一点我要说的,大概他们都爱听。就是说,今天念中国的考古不是念念中国的材料便行了。每个考古学者都至少要对世界史前史和上古史有基本的了解,而且对中国以外至少某一个地区有真正深入的了解。比较的知识,不但是获取和掌握世界史一般原则所必须有的,而且是要真正了解中国自己所必须有的。为什么说他们都爱听这个话呢?因为他们很多人都想出国去念书,我这个说法给出国留学生撑了腰。可是出国跟比较研究是两回事,我对他们在那里学这些洋玩意并无意见。

谈文物盗掘与走私*

我在美国、台湾和香港亲自看到大量新近盗掘走私出来的各种质量的文物。至于间接听到国内文物考古同行所说的各种令人切齿的故事，是说不完的。由文物盗掘与走私所造成的对文物和考古遗址、遗迹的大量破坏，已是公认的事实。

那么有什么办法可以减少甚至消灭文物盗掘和走私呢？大家都知道中国文物系统各级单位已经尽了最大的努力了，可是它们还需要各方面的大力支援：

一、要彻底解决这个问题，中国文明的历史和代表这个历史的文物，必须在10亿中国人民的价值系统里面，占有一个很高的地位。这不是社会某一个单位能够单独负责的，而是社会上所有单位都要负责的。要掀起这种风气，我建议请国家领导人、人大、政协和各级媒体，在这个问题上，公开表态，大声疾呼，造成不可抗拒的法律上、道德上和舆论上的压力。

二、文物考古工作者，以身作则，不买卖文物，不收藏文物。把科学的考古学输入中国的我的老师李济先生，自1928年初任中央研究院历史语言研究所考古组主任发掘殷墟时开始，便与从他自己以次的考古组同仁约法三章，凡是作田野考

---

* 原刊《中国文物报》，1993年。

古的就都不藏古董,因为考古学家的古董是哪里来的,难以解释。这个传统在中国田野考古界中一直继续至今。

三、与港、澳、台考古文物工作者及司法单位在此事上达成协议。有人说古物如给港澳台博物馆或收藏家收购,总比流到国外好。但有人买便创造供应的需要。要杜绝古物盗掘走私,釜底抽薪的办法便是使买主消失,有供无求。

四、与包括美国在内的联合国教科文组织保护文物公约各签署国达成协定,阻止来历不明文物出入各国海关,同时与各国博物馆达成协议,以交换文物的方式换取各博物馆不买来历不明文物的承诺,尽量减少走私文物的国外市场。对不合作的外国博物馆,在文物交流、合作研究一类项目上加以"杯葛",以鼓励他们合作。

我知道不管采取哪些手段,文物盗掘走私是根绝不了的。但一个国家的文物就是它的灵魂。人莫大于心死,国家亦然。中国再不对文物盗掘走私宣战,在世界面前怎能抬起头来?

北大考古系赛克勒博物馆开幕有感

今年5月北京大学赛克勒考古与美术博物馆隆重揭幕，我有幸躬逢其盛，将馆中的设备、陈列和图录，都详细地参观研究了一下，有下面的几点感想。

首先，我完全相信使这个博物馆能成为事实的制度，即有这个能力的人捐钱做慈善事业的制度，是值得鼓励，值得推行的。美国如果没有这种制度，它就不会有哈佛、耶鲁、麻省理工学院这一类的大学，也就不会有斯密斯生研究院这一类的机构，当然它就不会有它今天在科学技术上的领导地位。美国的亚瑟·姆·赛克勒医师生前捐钱建了三栋考古美术博物馆——除了北大的，还有两栋在华盛顿和哈佛大学——和几处医药研究机构，一方面对学术和教育做了不得了的贡献，一方面把他的大名存留不朽，一举两得，有益无害。这种行为，在中国也不是没有：前清的武训，民国的陈嘉庚，都是好例。十年来中国经济改革，造成了许多大富翁，希望他们考虑向赛大夫学习，也花钱换个不朽。

大学的博物馆有双重的任务：它是教学的好工具，也是将大学师生研究结果与社会群众分享的媒介，中国的大学各考古系和专业，都有"标本"陈列室，但有一个博物馆的，据我所知只有三家，即北大、厦大和台大，其中要讲建筑新、设计好、藏品丰的，没有问题是后来居上的北大考古系，我在台大念考古四年，四年中都与系博物馆分不开，用它的藏品作研究、把发掘到的新资料整理后给了它做藏品。我能够完全知道北大赛克勒博物馆在今后考古系教学上的无比的重要性。

北大赛克勒博物馆的藏品在数量上、代表的文化范围和种类上，当然比不了历史博物馆，但它的藏品（除了在展室中陈列了一些从地方文物考古单位借来的器物以外）都是北大师生自己发掘出来的，它们的科学价值，每一件，即使只是一片陶片或仅是半个石刀，都是连城的，其中有一部分，因为它们本身或所出的遗址的特别的重要性，在学术上的价值是独一无二的；后面这种藏品，可以举出来做例子的，有辽宁营口金牛山的人骨化石和石器、山东长岛北庄的大汶口文化遗物群和山西曲沃西周时代的晋国墓葬群。参观北大考古系博物馆是全世界研究中国考古学的学者学生的必修课。

在开幕典礼进行的几天中，全国各地的考古工作者，包括资深有名的，也有青年一代的，都来参加庆贺，令我不时想到吴佩孚"八方风雨会中州"这一名句，除了中国考古学会年会以外，我相信只有北大能请得到这么多的考古界的英雄好汉来一同庆祝、开会。从北大考古专业（系）四十年专辑里面，看看历年的毕业生名录，再加上北大共同培训的四期"黄埔"学员，几乎将全国文物考古工作领导干部一网打尽，北大对中国考古学四十余年来的惊人发展的贡献是巨大的，近年来考古学系或专业在其他大学中也有很重要的发展，这些其他大学的毕业生也逐渐投入全国考古工作干部的行列，但是北大还是维持着它的老大哥的地位，这个新博物馆的建立，使北大的教研条件更有增进，相信北大考古系一定能够通过下一代考古工作者的培养，在带着中国的考古学进入21世纪这个时代的使命上继续做出决定性的贡献！

怀忆民族学前辈学者凌纯声教授*

先师凌纯声先生逝世已有十多年了，最近常常想起他。我和我这一代在台湾大学文学院毕业的考古学和历史学者所受这位中国民族学老前辈的影响，是非常深重的，在许多做学问的方面，他给我们的影响比许多考古学历史学的教师还要大。

凌先生是江苏武进人，在南京东南大学毕业后，到法国巴黎大学念了一个博士学位。他在巴黎的教师包括社会学家 Marcel Mauss，但对凌先生影响更大的是一位传播论学派的 George Montandon 教授，他回国后在中央大学边政系执教，并且做了中央研究院历史语言研究所第四（民族学）组的主任，一度还做过教育部边政司的司长。1949 年凌先生到台湾，应李济先生之聘任台大考古人类学系教授。

正式上过凌先生的课只有地理学和民族学调查实习，但是真正跟他学为学之道是在课外。凌先生特别讲究吃，而凌师母的烹饪技术在系里是有名的，所以我们做学生时常到凌家去吃饭，饭后便听凌先生讲学。同时，在 50 年代的初期，凌先生特别多产，写了一篇又一篇的论文，常常叫我替他抄写，在这种机会下从凌先生不知不觉地学到了很多人类学、民族学的看

---

* 原刊《中国文物报》，1994 年 1 月 30 日。

法，也学了不少做学问的方法。

在1949年以前凌先生以边疆民族分类和土司制度研究见称。到台湾以后，凌先生看到台湾原住民族在文化与中国古今西南民族文化的类似，创始了一个"东南亚古文化"的概念，就是说中国南部有一个古代文化的底层，分布在整个的长江流域和东南海岸，并且延伸到东南亚大陆和岛屿，它也是黄河流域的古代文明的一支源头。凌先生的教法，使我们养成了对南方文明重视的习惯，体会到笔记、随笔及任何官方和民间的文献资料的宝贵性，而且今天看到了新的考古材料对凌先生的几点重要的推论（南方文化的底层、中原文明的海洋背景、华南和东南亚古文化的类似性与历史关系等等）给了有力的支持。

凌先生教我们民族学的田野工作，但他也灌输给我们对民族史文献材料的重视，古地理书从《山海经》到《太平寰宇记》，宋元以来笔记、地方志，甚至古代经典，无一不是做民族学的材料，从凌先生学到对任何材料都可以用人类学看法去研究的敏感度。写文章从找材料（"你们要把每本期刊从头查到尾"）到做脚注（"要把卷页数字从原书查到后全部注出"），都是他不嫌烦地一点一滴地逼着我们养成习惯的。

凌先生的著作在他去世后由他的学生和同仁集成两大本，由联经出版公司出版，题名为《中国边疆民族与环太平洋文化》（1979），这两本是每个中国考古文物工作者的必读书，读后我保证你们对考古材料的看法为之一新。

考古工作者对发掘物的责任与权利

古代的历史文物在地下埋藏多年,如果没有人把它发掘出来,它不知道还要埋藏多少千万年,假如我今天把它挖了出来,我第一个念头便是:这批东西落在我的手里,而没有落在数百年前某人手里,也不可能再落在我以后任何人的手里,这是一件偶然的事件,但是这批材料的处理就全在我了,我假如不好好把它发表出来,供千古后人研究使用,这批材料就从历史上消失了,这个责任是如何的重大!

但是在考古学界——不但是中国的考古学界而且是全世界的考古学界——又有这么一条规矩,就是说谁挖的遗址遗物就归谁发表,在他发表以前别人不应该公布他的材料,这条规矩是有道理的:第一,只有发掘者有准确的地下情况,别人不能越俎代庖;第二,这也是所谓智慧产权的问题,各个人的发掘方法不一定一样,我的挖法是我自己设计的,我有权利把我这作业的结果用我的名字公诸于世。

上述的义务和权利最理想的调和,便是我将我挖的遗址遗物很快地用叙述式客观地发表出来,把这批材料永久保存,供他人研究,这样我可以享受了我的权利,也尽了我的义务。可是在中国考古学的历史上,事实常常不能符合理想,从20年代田野考古输入中国以来,发掘的材料很快地发表可使大家利用是例外，堆积着许多材料自己不发表也不给别人研究使用——所谓占着茅坑不拉屎——成为常情，这里面有好几种因素。

第一是乱世不得已，中央研究院发掘殷墟尚未结束就发生了卢沟桥事变，然后八年抗战，五年内战，殷墟的出土品到了台湾时，人员已经凋散，到今天有一部分资料已经无法整理。

有时是人手不够，经济建设有时太快，抢救文物太多，整理人手不够，只好把出土物放在仓库里长霉。

有时把材料不当一回事，用了便扔，美国所谓"新考古学派"（New Archaeology），他们的做法是先作结论，然后发掘考古资料来对他的结论（美其名曰"假说"）加以验证，考古资料出现之后，就要看是否照假说预定的方向走，不管它走哪个方向，假说是否验证，考古资料本身再无用处，一般便作废物丢掉了。

我猜想也有时是人情之常的自私心理作祟，有时是山头主义：此山是我开，此树是我栽，这是我的势力范围，这范围里面的宝贝非等我发表不可。有时是将文物当作晋身的资本：我发表了是我的成绩，升级加薪分宿舍都靠这笔老本，所以如果我一时写不出来，就先放着等我写得出来时再写。

由于这些和其他的因素，我相信在全国——说不定是全世界——发掘出来存在仓库等待发表的考古遗物要比已经发表可供世人利用的材料要多数十倍或数百倍，如果我说得不错，就是说我们考古工作者享受了我们的权利，可是没有尽到我们的义务，我们所造成的历史上的损失，是没有办法补偿的。针对这些因素的补救办法，在客观上的，希望政府能多多培植文物考古人才，提高文物考古工作人员待遇；在主观上的，就要看我们自己对历史的任务看得有多么严重了。

撰写研究计划申请经费经验谈

近年来国内文物考古工作者向国外基金会申请研究经费的逐渐增加。因为国外有将申请计划广寄各地专家学者评审的制度，有些计划到了我的手中。我觉得国内的同仁缺乏撰写这类计划的经验，一般而言都写得不够水平，有时把很强的计划写得很为草率，无法与别人竞争。因为我有些在国外撰写与评审的经验，相信如果将一般基金会和评审员所期待的在申请计划里要包括的内容描述一下，也许可供国内学者的参考。

一个研究计划要有一个言简意赅的名称，要有具体、明确、范围现实的目标；要有在学术上创新的意义；要有胜任从事这项研究的人员；要有实际上可行的期限；还要有反映现实与精心细虑的经费预算。

计划至少包括三部分：计划说明、研究人员、经费预算。人员项下须列述每个参加者的学历、经历、研究经验、详细的著作目录和在本计划中所担任的工作；预算要具体、详细，并且明显反映现实。

计划的核心是计划说明，大计划可长，小计划可短，但不论大小长短，这一部分必须质精，一般可照下举题目依序说明：

一、第一节（段）通常是整个计划的摘要，用很简单紧凑的语言，说明这个计划是要达到什么目的，为什么要做这项研究，就是做了以后对学术有什么贡献，如何做这项研究，和这个班子有何资格来做这项研究。

二、下一节（段）是很重要的一节，就是这个研究题目过去国内国外研究的历史，这等于一篇研究论文，附全部脚注和参考书目。这篇论文写得好，可以证明申请人是内行，对过去在这个题目上所有的研究都知道，能够在前人研究的基础之上再进一步，做新的贡献。

三、再下一节（段）中说明这个计划所用的技术和方法，证明可以比前人更进一步，并详述执行这个计划的具体步骤，包括长短程目标估计及每一阶段人事。

四、最后一节（段）描述预期结果及公布出版计划。

追记台湾"浊大计划"

二十多年以前，我在台湾领头执行了一个多学科的考古计划，研究台湾中部浊水、大肚两溪流域的人地关系的历史。这个计划简称浊大计划，规模甚大，收获也很丰富，但是由于筹措经费的困难，做了四年便停止了。不意无心插柳柳成荫，当时参加这个计划的青年学者今天有很多都成为人文社会科学的大家了，他们中间有许多人常常对我说他们当年参加浊大计划的经验对后来的学习成就有很大的贡献，有人就问为何今天不再组织几个新的浊大计划。浊大计划这个名字也传到大陆一些青年学者的耳中去，有人就建议我给大陆的考古工作者把这个计划介绍一下，看看可不可以作为一个值得参考的模式，浊大计划身后所受到的注意，远远大于生前，这是我没有想到的。

60年代后期，我在美国耶鲁大学教书，对美国人类学系统的考古工作的作业程序比较熟悉，觉得在一点很重要的特征上，是值得中国考古工作者学习的，就是美国考古队的成员，从开始设计起，便是许多有关学科共同组成的。学科的选择要看工作的性质而定。例如要组织一个旧石器时代遗址的发掘队，所需要代表的学科应包括地质、古生物、古植物、古生态、古地磁、旧石器时代考古、物理与化学考古等科，以在发掘过程中不致遗漏任何有用的资料，或忽视有关的问题。但是我们知道台湾的浊水、大肚两条河谷的人类历史，主要是新石器和历史时代的，同时这个区域现在有好几个不同的族群。做这项工作所需要的学科，就应包括考古、历史、民族、地质、地理、动物、植物、民俗、社会等有关的学科。我就决定试组一个研究队伍，把这种多学科的做法在中国试试看。

紧接着来的一个问题，是到哪里去邀约这些学科的专家。这个答案是很显然的。既然我的目的是把一种新的研究途径介绍给中国考古学界，要想它能在中国生根，自然找本地的学者要比从外面短期来"玩票"的更有长程的意义，同时本地的学者对本地的人文、社会和环境科学要比外来的客卿熟悉得多。于是我就在台湾六门学科里找到了热心合作的对象：考古、民族（包括历史）、地质、地理、动物和植物。这些学者来自中央研究院、台湾大学和师范大学，大家集合在台北开会，讨论计划的内容、程序、人力资源等等实际上的问题，讨论完了以后，我即撰写计划书，向行政院国家科学委员会申请经费。国科会问我，你这六个学科从来没有一起工作的经验，你预备怎样把它们"整合"起来呢？这是个合理的问题，但既然没有经验，我也没有答案。但如果以工作的目标与范围为组织的标准，那么不管是哪一科的人，都是做同一件事，只是用不同的材料和方法而已。他们在工作过程中，自然可以摸到整合的程序。国科会对这个回答半信半疑，但同意给我们一年的经费试试看。一年做完了又做了第二年。两年中参加的学者们逐渐熟悉彼此的工作，逐渐能彼此配合，常能事半功倍。每年开两次讨论会，各个学科个别报告它的工作，然后彼此提出互相联系的意见与建议。在这两年中，浊大计划聘用了许多大学生，他们开始养成与有关学科学者配合工作的习惯。

过了两年，国科会不再支持经费，我们得到美国哈佛燕京学社资助,将规模稍为缩小,又工作了两年,四年中所得的资料的范围,包括自人类进入这个区域开始一直到汉人移民入境的全部历史时期,和这部历史过程中在自然环境上面的各种变化。但是这批资料需时整理,有关的报告和论文在计划结束以后二十年内一直陆续问世,一部综合性的浊大流域的人类历史并不是计划的最终目的,要写的活材料也还不够,但是这四年的研究证明了这种研究途径在中国(尤其在华南海岸上许多界限分明的河谷地区)是在学术上和下一代人才的培训上值得一试的。

但是在山头主义弥漫,学科壁垒分明的中国学术界,这种工作方式推动起来有相当的困难,中国人的处世哲学是一动不如一静,把很多学术单位的许多学科的学者组织起来,依照一个研究计划配合行动,需要有精力、有相当学术地位、有外交能力的一个主持人,还要有各学术单位领导的了解和支持,并且要找得到财源,浊大计划准备了至少两年,执行了四年,在最高峰时期从事研究的学者与学员有一百余人。若没有有眼光而且对我有信心的学术界的领导人物如中央研究院钱思亮院长、台湾大学阎振兴校长、国科会故副主委王纪五先生的了解和鼓励,和工作同仁宋文薰、李亦园、林朝棨、石再添、梁润生、黄增泉等先生的合作无间,这个计划根本不能起步。四年过后,虽然成绩堆积如山,但整理和出版不能赶上,以致经费短绌,不得不结束田野工作,以后的工作便属于"收摊"性质的了,这以后台湾还没有第二"浊大计划"。看来我对这种研究方式在中国生根的希望,至少在人文社会科学界仍须努力。

从俞伟超、张忠培二先生论文谈考古学理论[*]

（一）

近年来国内的考古学界，主要是受了美国的影响，对考古学的理论有很多介绍与讨论的文章。我在早年曾经对考古学理论有很大的兴趣，在五六十年代也写过不少文章，所以我对国内考古理论的发展，付以密切的注意。前年俞伟超和张爱冰两先生在《中国社会科学》1992第6期发表了一篇重头文章，题为《考古学新理解论纲》。去年在10月24日的《中国文物报》上，刊了张忠培先生一篇题为《考古学当前讨论的几个问题》，对前文加以批评，因为俞、张两位先生在中国考古学上的地位，这两篇文章引起了很多人的注意。

英美两国考古学理论近年的突破飞跃性的发展，始于二次大战后，酝酿于50年代，而起飞于60年代。我正好五六十年代在美国哈佛和耶鲁两个大学进修和教书，在这次发展的过程中，可说是一个参与者，对那次考古学在理论与方法上的革新的前前后后是相当熟悉的。今天看中国考古学界也似乎正在理论方法上酝酿一次大革新的前夕，想将我这个在美国参加过类

---

[*] 原刊《中国文物报》，1994年5月8日。

似的一次大革新者事后的回顾和检讨写一点下来或可供国内考古界同仁的借鉴与参考。

首先我想应该将英美（尤其美国）60年代起飞的大革新的始作俑者弄清楚。很多考古学史家用宾弗（Lewis Binford）作为所谓"新考古学"的创始人，这是不正确的。向美国传统文化史派考古学开第一炮的是当时在哈佛大学人类学系做助理教授的36岁的柯莱德·克罗孔（Clyde Kluckholn）。在1940年出版的《马雅与他们的邻族》这本书里写了一篇10页长的文章，叫《中美洲研究在概念上的结构》。这篇文章有这样的一段话：

> 首先，让我记录下来我整个的印象是中美考古学这门学科里面的许多学者都只不过是稍微改革了一点的古物学家而已。对一个对这些非常专门的领域来说是一个外行的人，似乎有很多在细节本身上为了细节本身的目的像着迷了似的滚来滚去……在任何一个学科里，不时都应该出现在比较高度的抽象水平上写作的书籍或论文来主张各个范畴的资料与人与人之间的行为上有何意义。照我的坦白的意见，中美专家在这方面的工作少得可怜……假使考古学家和民族学家简直还没有开始向他们自己提出来"就怎么样"（so what），各个研究基金会和其他研究经费的来源已有提出这个问题的迹象。除非考古学者把他们的工作当作了解人类行为的一般性的研究工作的一部分来从事，我恐怕没过几代以后他们会发现他们自己会给人看成阿鲁都斯·赫胥黎笔下一生献身于撰写三个叉的叉子的历史的那位仁兄一类的人物。

克罗孔批评的对象是"中美考古学"家，但他主要的目标是当时美国考古学界的一位领导人物，阿福瑞·祁德（Alfred V. Kidder）。祁德是卡耐基研究院考古部的主任，在哈佛时曾做过梁思永先生的老师，也是克罗孔的老师。克罗孔能如此严厉地对他的老师的考古做法加以批评，而两人一生到1960年克氏先逝为止一直保持密切的友谊，美国学术风气与学者风度可见一斑。

克氏对考古学家只重研究器物的细节而忽略人类行为的批评，在战后促成了他手下一位研究生瓦尔德·泰勒（Walter W. Taylor）博士论文《一篇考古学的研究》（《美国人类学者》杂志50卷第3期附刊，专刊第69号，1948年）的出版。泰勒这本书可以说是新考古学的宣言，他也和克罗孔一样批评了以祁德为代表的美国考古学传统派，专搞年代学与器物类型学，而不重视对人类行为的研究，泰勒氏主张用人类学与历史学的方法和理论，研究考古学的资料，特别发明了"缀连法的研究方式"（Conjunctive Approach）这个名词，就是说要研究古代人类的行为，可以试将文化各方面的遗物缀连起来，重建文化的有机整体，这本书是美国考古学史上第一次具体地提出来从古物研究古人的方法。

就在40年代的后期和50年代的中期，文化人类学者朱理安·史都华（Julian H. Steward）写了一系列的讨论文化生态学的文章（后来在1955年集成《文化变迁的一个理论》一书出版）。40年代后期，在史都华的影响之下，华盛顿的斯密生研究院创立了一个在南美秘鲁进行的一个"维鲁河谷研究计划"，从民族、考古、生态科学、民族史等多方面研究这一个小河谷从史前到现在的人地关系的历史，在这个计划之下，戈登·魏利（Gordon R. Willey）通过聚落形态的研究，讨论了维鲁河谷自史前时代以来人类社群的发展和变迁,在 1953 年出版了他的名著《秘鲁维鲁河谷的史前聚落形态》。这本书公认为泰勒所主张的缀连研究法第一次具体的实用。新考古学派所推崇的宾弗写的《做为人类学的考古学》(1962)的出版,已是九年以后的事情了。

(二)

20 世纪的 60 年代,全世界的青年人中间都掀起了大改革的风潮,这该如何解释,不是我在这里能谈的问题。美国的一些青年考古学者,接着克罗孔、泰勒、史都华、魏利等人发动起来的新作风,要求考古学走出年代学和类型学的老路,以研究人类社会的发展变化程序为目标,使考古学成为社会科学,对当代的问题可以有所启示,但是从 60 年代的青年人的眼光来看,四五十年代的这几位革新考古的先驱者,也是老古董了,宜于忽视,以宾弗为中心的芝加哥大学的几个年轻学者和研究生,便另起炉灶,从各社会科学学科借来一套新名词,将泰勒、魏利等人的考古新方法,重新安排了一下,变出来一套所谓新考古学。

最近十多年以来,中国考古学界与英美考古学的接触日益密切,因为过去孤立很久,忽然看到国外五花八门的新技术、新理论、新方法,感觉非常兴奋,所以国内有不少考古工作者,也要在 90 年代的中国做四五十年代美国所做的工作,就是说将考古工作超越年代学和类型学,超越遗址遗物的叙述,而要进入社群的分析、行为的复建和一般社会科学原理的形成;我觉得这是非常合理的希望,是将中国考古学向前推进的动力。我觉得今日的中国考古界的气氛很像 60 年代美国考古学界的气氛:积极、开放、创造、剔除陈腐、充满希望,许多年轻人整装待发。

中国今天考古学要找寻新的道路，与美国当年比起来要占一个很大的便宜，因为美国这条路已经走了三十多年，今天回顾一下，知道哪条路是康庄大道，哪条路是死路一条，哪条路是近路，哪条路是冤枉路，中国考古学界可以参考一下他山的经验，不妨学其精华，但不必蹈其覆辙。

我先说说在我的意见里，哪些是最危险，最浪费的"覆辙"。美国考古界在60年代和70年代所犯的最大的错误，是让宾弗的"新考古学派"唯我独尊，排除异己，自认全国考古界的惟一的正确的路线，大部分的公私学术基金会的评审人员，多是新考古学派的学者，提交的考古研究计划，如果不是用新考古学的观点来设计的，就通不过，有许多比较传统的考古学者，被迫使用新派的名词，把不是用新考古学的观点设计的研究计划，写得像是新考古学派的，只换汤不换药，结果常常得到所申请的经费。但是大部分非新考古学派的学者，就不去这些基金会申请经费，而去想别的办法，有时他们便筹不到经费，或者需要改变原来计划，这二十年中间，美国做了不少新派的田野和室内工作，收获极为令人失望，而且怨声载道。这种情形到了80年代，新考古学惟我独尊的地位衰微之后才逐渐改善。从这个经验所得的教训，是在一个社会里面的考古界最好采取"理论多元化"的政策，让各种不同的做考古学的途径，互相竞争，或彼此截长补短，不必一定要辩论到你死我活。现在美国的考古界可说就是这种情况。

上面说到传统的考古学者，如果使用新考古学的名词，常常可以鱼目混珠，用新名词，说老内容。这是回头看看新考古学的发展史可以汲取的另一个反面的教训，就是新名词不一定有新内容，如有新的想法，不要马上就发明一个新词，以表其新，新内容多半可以用很普通的语言表示得很清楚的。新考古学在很多的意义上可以说是国王的新衣，在不少新考古学的著作里，使用了许多从别的学科（如生物学、统计学、电脑学、哲学、商业学等）搬来的新术语，读者看不懂，不敢说话，怕说了给人知道他看不懂，其实作者也未必懂，新考古学者写的书一般都不易懂，而以英国的英年早逝的大韦·克拉克氏为最。他在1968年出版的名著《分析考古学》是我平生所看到的考古学书籍文章里面最难懂的一本。从那本书一出来我就向同事承认里面有很多段（常常一段就是一个句子）我看不懂，但是很多人都称赞他这本书是考古学的一个突破，可是今天跟我说他们也看不懂的越来越多了。这种一窝蜂走时髦不务实的风气希望中国的青年考古工作者不必模仿。

最后值得提出的一点所谓覆辙的教训，是美国新考古学派对资料本身鄙视态度和对所谓"程序"（或社会科学的一般适用性的原则）的过分强调。他们不相信考古材料本身有任何的价值；考古材料只是验证先行假设的原理原则过程中偶然的产物。现在的考古学者回顾三十余年以来的新派考古工作，既看不到任何有真正突破价值的新的社会科学原理原则，也找不到很多丰富可用的考古新资料。这三十来年美国考古学最丰富的收获，照我个人的意见，是许多非新考古学派和不断采用日新又新的技术和方法的考古学者所积累的许多新资料和用新旧资料研究所得的对古代社会文化及其发展的新看法。

（三）

上文说过我们要汲取六七十年代美国新考古学的精华。一个风靡一时令一代的青年若疯若狂，紧紧追随的学派，必然有它引人之处。新考古学最大的吸引力，现在看来，是情绪上的。40年代的琐碎性的考古学，以资料为最终目的，以年代学的建立为研究目标，以类型学为惟一方法的老考古学，早已在克罗孔、泰勒等重视社会科学一般原理的人类学者的批评下，暴露出来它应用范围的局限性，在60年代全球青年不满现实，盲目追求理想那个时代背景之下，懂得如何煽动的宾弗等几个年轻学者，登高一呼，指出在考古学上必须超越传统琐碎考古作业而达到能够解释人类行为的一般原理，这虽然不是他们的创见，但他们发明了一套崭新术语，创出来一套自圆其说的理论结构，很快地，一大群青年学者，在宾弗教主的领导之下，在考古学园地里面狂热地耕耘，本来死气沉沉的美国考古学，成为一个活力蓬勃的新天地，在这种气氛之下，美国考古界出现了很多的新的研究领域与新的研究技术和方法。

近二三十年来美国考古学最大的进展可以说是在"技术"上面。绝对年代的断定，古代自然环境和古气候的重建，用遥感和地球物理各种测试技术调查地面下的埋藏，古人饮食的鉴定，还有其他一系列的新科技，将考古学者所能找到的与古人生活有关的资料种类和数量，巨大地增加。对此我们要感谢新考古学对古文化生态学的特别重视，不久以前我在台湾的《田野考古》上写了一篇叫《台湾考古何处去？》的文章，其中我建议台湾的考古工作者能够争取达到"理论多元化，方法系统化，技术国际化"的目标，这三条目标，在中国大陆上也可适用，尤其第三项"技术国际化"更是当务之急。

"方法系统化"可以说是美国新考古学最有贡献性的一个特征。传统考古学在解释考古现象时所用的方法，常常是"想当然耳"，或是来自解释者的灵感，多没有有系统的方法。新考古学派有一套"假设验证"的明白清楚的程序，其他的考古学者可以对他的结论不同意，但每个人都知道他这个结论是怎样产生出来的。中国考古学者所使用的方法，主要是地层学和类型学，所得的结果基本上有关年代、器物和文化关系，但在人类生活风习、社会结构、经济形态和运作关系，以及宗教巫术等行为的研究上，缺乏系统明确的方法，最近由俞伟超和张忠培两位先生带头进行的在考古理论上的讨论，希望在这方面有所推进。

看了俞、张两先生的论文，使我想起近年来考古理论论文在中国的逐渐增加，所以将美国三十年来考古理论类似的发展中的得失，拣其大者略作介绍，以供国内考古工作者的参考、借鉴。俞、张两先生都是我的知交，他们一定知道我这篇随笔没有任何影射的存心，张忠培先生做的陕西华县元君庙的发掘报告公认是研究中国史前时代亲族组织的模范，他虽然在最近的论文中强调地层学和类型学的重要意义，却绝不能比作美国传统考古学的代表祁德。俞伟超先生虽然提倡考古学的新结构，却是中国文明深入研究专业的一员，最近以历博馆长之尊还在主持河南班村的发掘工作，和不与任何一个文明认同而且只讲理论不作考古实践的宾弗教主迥异。他们两位都是理论修养极高的，但着重的方面不同。两人的主张与其说是不同，不如说是互补，这便是我在上面鼓吹的"理论多元化"的萌芽。我自己因为五六十年代参加美国考古理论战的经验，对考古理论在中国考古界能达成共识的可能性是不乐观的，甚至可以说我并不以为中国考古界达到理论共识是件好事，因为我担心"惟我独尊"局面的再现。现在俞、张两位重量级的理论家既已出台，看来中国的考古界即将进入一个百（理论）家争鸣的阶段，这是令人十分兴奋的发展，全世界的考古学家都将对此给以密切的注意。

五 杂文

新年三梦[*]

《人间》副刊主编邀我对文化前途在客观形势急遽演化之下有何希望，在新年特刊上略作发挥。但我不知客观形势会演化到何种程度，我的希望还是取做梦方式为安。本"不在其位不谋其政"的大旨，我做的梦也不出于古史文物范围。

第一，我梦想我和三十多年来一起在台湾考古的老同伴能进行一个以整个台湾海峡地区为工作范围的史前考古计划。通过三十多年来的工作，我们对台湾史前文化的来龙去脉，可说摸了一个大概，但每要做进一步的研究时，总是说得等将来看到福建、广东、浙江沿海地区考古资料之后才能进行。等来等去，已等了三十多年。两年以前我等不及待，到福建去参观了许多史前文物，发现其中很多与台湾的相同或相似，更觉得两岸的考古工作应当一起进行。如有三五年大规模积极作业，相信可以解决不少考古老问题，包括整个太平洋区居民文化起源问题。

第二，我梦想傅斯年先生在六十年前提出来的"让科学的东方学之正统在中国"的口号能够充分实现。六十年来中国多难，先是十余年的战火，然后又有政局分裂与各种的顾忌

---

[*] 原刊《中国时报》副刊《人间》，1988年1月1日。

与禁区，使得人文社会科学不得充分发展。但以中国人才之盛、学术资源之富，如果在古史文物研究上，全国学者能够充分从事交流与互相批评，在研究题目的选择与资料的运用上又不受任何干扰与限制，并且能在国家资助之下与全世界学者积极交往合作，则十年之内，汉学中心舍我其谁？

第三，我梦想中国各地普遍设立世界历史博物馆。普中国之大、博物馆之多，据我所知却没有一个历史博物馆陈列世界历史文物。近来台北的国立历史博物馆相继举办了埃及与玛雅文化的展览，据说很是成功，可见国人之历史求知欲并不限于国门之内。可是中国史学一向缺乏研究世界历史的传统，积习所在难免影响到国人对国外各种多彩多姿而风格迥异的古今文明的忽视或轻视。21世纪的中国与世界是分不开的，国人世界史眼光的培养已是当务之急，而博物馆在这上面可以发挥很大作用。外国都有中国文物馆，为何中国没有外国文物馆？中国文物中重复的很多，何不与外国博物馆交换外国文物？如此做来，对近年文物走私之风，也可收抑遏之效。

谈龙骨与龙[*]

读 7 月 30 日《中国时报》，看到路透社 29 日电引《光明日报》报道了下列一条消息：

> 数以吨计的内蒙古珍贵化石，已被一群相信化石是珍贵药材"龙骨"的掠夺者挖起、捣碎与出售。数以百计的商贩和走私客都聚集在清水河县遗迹，挖起动植物化石研磨成粉末，以汉药"龙骨"之名出售。掠夺者已对清水河县遗迹造成严重损害。此举是当地政府官员领导的。他们以每张四十元人民币的价钱发售"发掘许可"。

这条新闻所代表的悲剧，要分好几个层次。最浅的一层是古生物化石的损坏。再进一步，我们看到近年来"经济改革"的一个恶果，与文物盗掘走私等是属于一类的。但从大处看这都是小事。古生物化石自古以来不知遭受过多少损坏了，而"经济改革"也有正面的一面。但这件悲剧最深的层次是有关对于"龙"的信仰的。

"龙"本身并不是悲剧！把龙作为中华民族的认同符号是

---

[*] 原刊《中国时报》副刊《人间》，1988 年 10 月 24 日。

这个民族值得自傲的权利。可是龙在中国不仅是符号而已。上面这条新闻显示出来，在20世纪80年代末期龙在中国还是一条活的文化。

以"龙骨"作药由来已久。《山海经·中山经》里面列有"金星之山，多天婴，其状如龙骨，可以已瘕"。至少可以早到东汉的《神农本草经》已将龙骨的产地和性能详举："龙骨，味甘平、主心腹、鬼注、精物老魅、欬逆、泄利、脓血、女子漏下、症瘕坚结、小儿热气惊痫、齿主、小儿大人惊痫癫疾狂走、心下结气、不能喘息、诸痉、杀精物，久服，经身通神明、延年。生山谷。"两千年来，中国人不知服用了多少龙骨，不知道达到了几许的"延年"功效。可是大家都知道的是"龙骨"却在19世纪末年导致了近代中国考古人类学上的两大发现，即周口店与殷墟。

周口店和殷墟的发现几乎是同时的。光绪二十五年（1899）王懿荣生病服药，里面有龙骨一味，为访客刘鹗（即写《老残游记》的刘铁云）偶然看到，看见上面有古代文字，是殷墟甲骨文的首次发现。根据龙骨产地的线索，罗振玉在宣统二年（1910）把甲骨文追溯到河南安阳的小屯，是殷墟的最早辨认。但是除了甲骨文以外，中药铺的龙骨主要包含地质时代哺乳动物的化石，这一点在19世纪末年也被西方地质学家与古生物学家所辨认出来了。1899年，一位在北京德国公使馆工作的哈伯勒氏（K. A. Haberer）搜集了一大批龙骨送交德国慕尼黑大学的舒罗塞教授研究。舒教授在1903年把他的研究结果发表，说其中有九十种哺乳动物的化石，并且包括一个像人又像猿的牙齿。瑞典的安特生（J. G. Andersson）教授根据这个报告，又在华北各地搜寻资料，终于在1918年跟着龙骨的踪迹追到周口店，不久便导致北京人的发现。

既然"龙骨"的真相已经揭发了将近一百年,而且大家普遍地知道"龙骨"这一味药实际上是科学标本并且可能包括科学价值极大的甲骨文或猿人化石,从事传统医药的人应该不再使用龙骨来治病了罢?(我是相信中医的,只是也相信中药中"龙骨"这一条应当用其他的药代用。)不然,1960年由中华人民共和国卫生部药政管理局主编、北京人民卫生出版社出版的一本《中药材手册》,收了517种常用中药,其中便包括(463)"龙齿"和(464)"龙骨"两条。"龙骨"项下的注解说:

> 本品多为大型哺乳动物如象及犀牛等骨骼之化石。多系开山掘地所得。一具龙骨常达数百斤,以至千斤不等。虽有大小之分,但均可供药用。商品龙骨分五花龙骨与一般龙骨两类,习惯认为五花龙骨为佳。若化石年代久远,已为石质而无吸湿性者,或尚未成为化石者,以及一般兽骨均不可供药用。

这最后面几句话颇为费解:如已成化石则不可用,但如尚未成为化石亦不可用,那么什么状态才可使用呢?从文首报载消息看来,这并不阻止龙骨的使用,更不阻止古生物学标本的大量毁坏。

"龙骨"的观念是"龙"的观念的一部分;只要"龙"的信仰生存一天,"龙骨"便服用一天。李时珍在《本草纲目》里面讨论"龙骨"时,曾提到过对龙骨是否真是"龙"的骨头的怀疑,因为"龙,神物也,似无自死之理"。但他博览群书,发现龙还是会死的,(如《述异记》云:"汉和帝时大雨龙堕宫中,帝命作羹赐群臣。")龙既然会死,龙骨也就是真的了。假如有一天龙这个观念从中国人的科学世界完全进入符号世界去,也就是说中国人虽然把龙当作自己民族的符号象征,但是不把它当作现实世界一部分,那时"龙骨"才能还原为古生物的化石而加以保存研究,不煮汤当药喝了。

怀念高去寻先生[*]

自从高去寻先生在 10 月 28 日突然逝世以来,做过他的学生的考古学、人类学、古史学各界的朋友们,顿然有"雁行失翼"的空虚感觉。尽管高先生是我们的老师,尽管他年纪已达耄耋,他多少年来一直是这一群飞雁中带头或殿后的一只大雁。我们不但失落了一位老师,更失落了一位同道上的伙伴,一位数十年如一日支持、鼓励和扶掖我们,给我们出主意,帮我们解决学术上或人事上困难问题的兄长。

回想与高先生初识,恰好是四十年以前的秋天。1951 年 9 月我在台湾大学考古人类学系二年级上学。那时中央研究院历史语言研究所的人马多住在杨梅镇的一间铁路局的仓库里面。系主任李济先生是历史语言研究所考古组的主任,就近请了组里面的同事石璋如先生来教田野考古实习,请高去寻先生来教中国考古学。石先生和高先生每星期便坐火车从杨梅来台北一次,到系里面上课。那时高先生才 41 岁,个子高,身材瘦壮,精神饱满。在讲了两个小时的课之后,高先生意犹未尽,常常留下来与学生们天南地北地再聊几个小时。聊天的内容,常是高先生在 1935 年参加了安阳殷墟发掘以后十几年来中国考古

---

[*] 原刊《田野考古》第 2 卷第 2 期,1991 年。

学界的人与事。我们做学生的除了在课堂内学习中国考古的学术内容以外，又在课堂外自高先生那里学到中国考古人物的种种轶事。二三十年后我初次见到了夏鼐、刘燿（尹达）、苏秉琦、胡厚宣、张政烺、赵青芳等先生的时候，就好像见到老朋友似的，倍觉亲切，这就是由于早年自高先生口中听到许多他们的故事的缘故。（高先生自己的轶事，则是自在李济先生的研究室中工作的潘悫和胡占奎两位先生那里听到的。从事考古的人，因为常在田野工作，傍晚事毕之后多以聊天为乐，所以自高、潘、胡三位先生开始，一直到后来在七八十年代在大陆结识的许多考古学家，都是聊天的专家。希望早晚总会有人将这些人历年聊天的内容收集起来，写一部中国考古学的野史。）

  课内课外与高先生接触不久便很快意识到高先生是位聪明绝顶、学问高深的学者，这是他的学生向他倾倒的主要原因。三四十年代的历史语言研究所是一个人才荟聚的宝库。所长傅斯年先生雄才大略，学问眼光好，又有政治力量和手腕。他以"拔尖主义"的原则，遍采全国各大学文史系毕业的年轻精英学者，把他们收集到所里，专门集中精力做研究工作。所以三四十年代被他拔尖入所的学者多是绝顶聪明、读书有成、性情淳朴、了无机心的书生。高先生便是这批精英书生之一；除他以外，劳榦、丁声树、张政烺、陈槃、董同龢、严耕望等先生也都可为代表。这批人才的储集，可以说是傅斯年先生对中国史学上最大的贡献。高去寻先生本来是北大历史系的高材生，在古史与古文学上有很深的造诣，又治金石学，毕业后又在李济、梁思永先生指导下从事考古。从他的《晋之始封》、《径路神祠》与《商汤都亳的探讨》等文可以看得很清楚，高先生的最强的学力是在历史文献、古文字与田野考古研究的结合上。若要写一本最现代化的中国上古史通论，我相信高先生是最上的人选。

可是自史语所迁台以后,高先生的学术精力几乎完全被殷墟西北岗的 11 座大墓所占据了。八年的抗战与复员以后的内战转变了无数中国人的命运,也改变了去寻先生的学术方向。依照殷墟发掘总指挥李济先生的计划,西北岗殷王室墓地的大小墓的发掘报告是由梁思永先生负责的。但是梁先生在抗战期间罹患了肺结核,西北岗的报告只拟了一个大纲并写了二十余万字的本文。1949 年史语所迁台梁先生没有跟来,1954 年病逝。参加殷墟发掘的人跟着李济先生来台的只有石璋如、高去寻、李光宇、潘悫和胡占奎先生这几个人,而每个人都有自己的工作,所以小屯基址和灰坑的报告落在石璋如先生身上,而西北岗王室墓地的报告便成为了高去寻先生的责任。在台湾这四十二年间,除了少数重要的论文以外,高先生的全部精力便放在这些大墓的报告上了。自 1962 年发表的西北岗 1001 号大墓报告开始,高先生迄今一共出版了七部大墓的报告,即 1001、1002、1003、1217、1004 和 1550 号。这七本报告都说是"辑补梁思永未完稿"。但是梁先生原稿与辑补稿的排比根本不同,后者大部分是从头写起的。凡是亲眼看过高先生从事整理遗物、测量、绘图、照相、查号、查笔记、描写和校对工作的人都知道这"辑补"的工作比他自己从头写起还要辛苦。在 1968 年 5 月 21 日高先生写给我的一封长信里,他提到了写作报告的情状:"我自去年由美归国以后便受命筹备 1001 号大墓在故宫博物院展览事,10 月 10 日勉强开幕了,才又整理旧稿 1217 大墓的发掘报告,到上月底才交去印,大约 6 月底可以出版。这个 5 月和下月的 6 月非把 1500 号大墓的报告赶急写完不可,否则便无法向国科会交卷要钱。现在每天都是描写破烂的东西,量多长多宽,枯燥无味已到极点,下班回家已筋疲力尽。"高先生花这么大的力气写西北岗大墓的报告，完全是出于对史语所李济先生，尤其是对老师梁思永先生的义务感和责任，而他自己研究的主要兴趣并不在此。但是这番努力的结果，使中国近代考古学上最重要的一批原始资料公诸于世，而且由于高先生的细心和负责的态度，使那些"枯燥无味"的"破烂东西"转化为价值连城的史料，这几本报告也成为中国近代考古报告中的精华楷模。高先生在中国考古学史上的不朽地位也由此而奠立。

因为高先生在台湾教出来的学生都没有在高先生的故乡华北做田野考古工作的机会，我们的田野工作都是在台湾进行的。高先生自己对台湾考古学很少直接参与，但他对台湾考古学的发展上也做了决定性的贡献。1964年发掘大坌坑和营埔，1965年发掘凤鼻头的时候，高先生与石璋如先生都曾联袂远道前来参观，给我们打气。70年代的初期，高先生作史语所第三组（考古组）主任的时候，我联合了宋文薰、李亦园等先生组织了浊水、大肚两溪流域人地关系科际研究计划，得到台大与中央研究院共同的赞助支持。高先生特意在考古馆腾了两间房子出来，作为台湾考古研究室，这是有计划的台湾考古在史语所里面正式的揭幕。高先生在史语所所长的任期内，又扩充了台湾室的设备，并且大力培养台湾考古的人员，使得中央研究院史语所成为台大以外台湾考古的一支生力军。在今天从事台湾考古工作的同仁，包括台大的在内，哪一位未受过高先生的影响和熏陶？

高先生对我们的影响与熏陶，远远超过狭义的学术研究范围之外。他自台大考古人类学系最早期的毕业生开始，一直到他逝世以前这几年悉心扶植的年轻学者为止，对每一个人的学问事业的发展，都长期地付以密切的注意。我们如果在某个方面发生了什么困难疑问了,高先生如果知道了一定会热心帮助解决。有人与朋友同事闹情绪不和了,他便做和事老从中调解开通。有人表现出来上进的潜力了,他就千方百计地加以鼓励和提掖。有人做了件糊涂事,他便诚恳老实地私下加以教训。就以我个人来说吧,我自1955年到美国读研究生院起,便多年居住在国外。每次回台作考古调查或发掘,都得到高先生无条件的鼓励和支持。不在国内时,高先生与我便以写信的方式继续聊天。他逝世的第二天,我开始把他写来的信加以整理阅读,重温了他自1954年(我在凤山受训)起三十多年以来对我的教训和建议,在学术上的讨论,告我台湾文史界各种多样的消息,和这三十多年间他自己心境的变化。今天的我,包含着高先生多年注入的许多心血,在我的事业里也有高先生不小的一部分。我相信这在所有其他的高先生的学生来说都是一样的。对他,我们的怀念是永远的。

台湾新考古学的播种者
——忆李光周先生*

台湾大学人类学系主任李光周先生在去年年底以四十余岁的盛年突罹胰脏急症病逝。消息传来，令人茫然。李先生的死使台湾的考古学界遭受了一个完全出乎意料的无法弥补的损失。

最初认识李光周先生是在1950年，那时他还是十岁上下的少年，住在我的老师李济先生家里。他在被李先生过继以前本来姓陈，是李济夫人陈启华女士的哥哥的儿子，在1949年随着姑父姑母一起来台。那时我和我的同学们（包括宋文薰、李亦园等先生们）常常到温州街李老师家里去请教考古学、人类学，因此常与李光周先生见面。但是因为那时他较年幼，谈不上与他有很深刻的认识，只是觉得这位小弟弟对考古学很有兴趣，在家里有客人来与他姑父谈学问的时候他常在一旁倾听。这一段时间相信他耳濡目染地学到了各方面考古知识，并且对考古界大大小小的人物都有相当的接触。在学术家庭里长大的青年，常常自觉不自觉地避免投考与家长完全相同的科系，也许这便是李光周先生后来投考淡江英专的一个原因。但考古的吸引力还是太大了，从小聆学的那一套学问的诱惑终于

---

* 原刊《中国时报》副刊《人间》，1987年2月10日。

使他转学到台大考古人类学系去。1964年到1965年度我回到母校教书，正好碰到他在考古人类学系做助教，每天辛辛勤勤地帮助宋文薰先生整理台湾好多遗址的标本。从这以后，我与李先生的关系又从私人朋友进一步加上了志同道合。

四年以后我在耶鲁大学开始进行一项中国古代青铜器的电脑研究。1970年夏正逢李光周先生拟到美国来深造，我便约他到耶鲁大学来和我一起从事青铜器的研究。这是他第一次接触电脑作业，而且是第一次精细地从事中国古铜器的分类工作，但是他从事研究工作之认真负责的态度与敏锐深入的见解，使与他共事的人敬佩无已。这项工作结束以后，他便申请到了纽约州立大学 Binghamton 分校人类学系博士班去做研究生了。这时这个系有两位考古教授，叫做 Fred Plog 和 John Fritz 的，都是芝加哥大学60年代的研究生，宾弗教授的学生，所谓"新考古学"的健将。李光周先生在这个学校念完以后便把"新考古学"带回台湾。

现代科学考古在台湾已有九十年的历史，这期间也有它的一套发展演变的过程。但美国式新考古学输入台湾的第一炮还是李光周先生在1974年放出来的。这一年他在台大的《考古人类学刊》第35、36期合刊上发表了一篇文章《再看鹅銮鼻——台湾南端的史前遗址》。新考古学的一个重要特点，是使用社会科学或生物学里面的某些一般理论来发引出来关于史前时代或古代社会中的某种一般性的法则，然后由这条法则推引出来若干实验原则，再到实际考古资料里面去寻求这些原则的实证或反证，最后用这段手续来证明或反证最初提出来的法则。李光周先生在这篇文章中所提出来的法则是关于古代社会婚后居住规则的问题的。他指出垦丁遗址中的石网坠类型变化很大，表示使用它们来捕鱼的这个社团中的男子系来自各处的，而同时的陶器变化较少，表示制造它们的女子是本地传继的。换言之，从考古学上李光周先生尝试证明当时的婚后居住规则是夫从妻居的。这篇文章用新的方法把台湾考古的资料点活，为台湾的考古学者在研究古人生活方式上面开辟了一条新的途径。我在美国考古学界已三十多年，很多同业们认为我是新考古学的反对派。其实我并不反对新考古学，只是不对它盲目崇拜而已。我可以很客观地说，李光周先生自1974年以来在台湾考古上的贡献是划时代性的。每一个地区的考古学的历史都有它一些发展上的特点。在台湾的考古学上，有了新考古学所代表的这种有活力的、富疑问的、有想象力的研究方法的抬头，从古代的遗物中去解释人的行为，对这门学科的发展更能有所推动、有所刺激。新考古学并不能取代旧考古学，但有它加入了考古学的园地，我们就能进入到一个更高的境界。李光周先生回国以后，一方面在垦丁公园地区集中力量做了许多扎扎实实的、有规模的、严谨性的考古工作，并将成果很快地整理发表，一方面在台大人类学系教书，给下一代的考古学者以身作则式的热心教导启示。以这种方式，李光周先生把台湾的考古学从五六十年代由宋文薰先生、我自己和与我们同时的人所代表的发展阶段，又向前推动了一大截。80年代的台湾考古，有李光周先生所代表的新考古学，也有我的其他同业所代表的比较传统的考古学，这都是必要的成分。去年我两次回台，与李光周先生都曾详谈台湾的考古现况，对他的工作、他的见解，更感觉到十分的敬佩和安慰，对他未来的成就，更充满了期望。他的逝世，使我们献身于台湾考古事业的人，失去了一个有力的伙伴，失去了一个不断向新方向探索的先锋。我希望李先生的学生中间有接着他的火种继续向前走的，使新考古学在台湾不至于只有昙花的一现。这个希望我相信是可以实现的。但是更令人遗憾的，是李光周先生这个人材的凋谢，这个光明远景的熄灭。他自少年时代便浸身在考古环境里面，这三十多年以来，不论是在家、在学校，还是在海外，一直没有离开过考古环境。现在正是他学力见解都成熟的时候，正是他不但能够继承李济之先生遗钵并且能够进一步加以发扬的时候，正是他可以在学术界教育界作出更大的贡献的时候，却意外地为急症夺去了生命。这种损失是无法弥补的。

人类学派的古史学家李济先生*

"人类学派的古史学"这个名词是我杜撰的。这里所说的"派"不是指党派,而只是"研究方式"或"研究方法体系"的简称。我觉得李济先生在中国古史研究上的方式和体系,用这个名词最能抓住它的精髓。

李济先生逝世已快十年了。这中间我常常回想到1950—1951学年即我做他的学生的头一年的情况,越来越能体会到在这一年中李先生对于作为一个如同白纸的新生的我,在为学基本方式上的深厚的影响。一个刚刚离开中学的大学新生,对学问应该没有成见,如今接触到了这位名闻世界的老师,对他所代表的治学方式,自然会有一种很深切也很客观的印象和体会。在当时,这种印象和体会是不自觉的。到了三十八年以后的今天回想这头一年的印象,才真正了解到李济先生为什么在中国古史的研究上是一个学派的开山祖师。这个学派也许可以叫它作"兼容并包派"或是"多学科并进派",但还是以"人类学派"的称呼最为简单明了。

上面说到"李先生所代表的治学方式",不仅是李先生所说的,而且包括他所做的。这种治学方式固然有的是他课内课

---

* 原刊台湾《历史月刊》第9期。

外讲授的，但大部分都是学生们得自李先生的一言一行，以及他的著作中所"耳濡目染"的。大一新生上课多是必修课，如三民主义、国文、英文、中国通史、世界通史等，只有"考古人类学导论"一课是李先生亲自讲授的。李先生头一次上课便在黑板上写了一句《荀子·非相》的话："人之所以为人者，并特以二足而无毛也，以其有辨也。"既然学人类学，首先要弄清楚"什么是人"！没想到这位闻名国际的大师竟开宗明义使用荀子的话来解释这门外国学问（李先生进一步主张根据这一句话把"人"的拉丁学名 Homo Sapiens 翻译成"有辨的荷谟"。李先生这个译名，到目前为止未有第二个人采用；一般都译为"智人"）。他上人类学的第一课便告诉我们，要研究人类学，中西名词和中西观念都要融会贯通。因此不论是西洋玩意儿，还是中国固有文化，只要与研究论题有关，都得采用。进一步说，只要与研究论题有关，不论是哪种资料，哪种学科，都可以毫无顾忌地拿来使用。

李济先生一生追求的史学课题便是中国民族之起源。在这个问题的研究上，李先生从他自己当学生的时代便开创了一条人类学的新路，就是多方面使用第一手的有关资料，用各种角度与研究方法来进行研究。李先生在清华学堂毕业以后，1918年到美国留学，先在麻省的乌斯忒的克拉克大学念社会学与心理学，自1920年到1923年又在哈佛大学读人类学。在1920年前后，李先生写了一份很短的自传，讲述他求学的经过与志愿。这份自传现在收藏于北京中国历史博物馆的档案里面，1980年夏鼐先生特地抄录了一份给我。李先生当时对求学的想法见于最后一段，但全文不长，又有历史价值，就都照录在下面：

李济，湖北钟祥人，生于西历一千八百九十六年。四岁入书房，从一个表叔念书。那时候，家里人有一个很奇怪的理想，他们说，小孩子初念书的时候，要拣那顶难的给他念，然后再给他容易的念，他的进步比平常就快多了。所以他发蒙的时候，不念"人之初"，却念"盘古首出，天地初分"：四书念完了，继续的不是《诗经》却是《周礼》。但是他觉得他的进步不过同平常一样罢了。他那表叔，是一个老秀才，最欢喜打闷棍，所以他现在虽说记不清楚得了他多少的教育的益处，却记得那头上发了几次块垒。

十岁的时候，他进了那县立的高等小学堂，初尝那新教育的滋味，就渐渐觉得那读书并不是很苦的事。十一岁同他父亲到北京，在一个湖北省立的江汉学堂念了半年书，然后考进了琉璃厂厂甸的五城中学。清华学堂初开办的时候，在北京招生一百二十人，投考的有一千多。他也跑了去糊糊涂涂的应了一下考，不知道怎么回事，那监考的人也把他糊糊涂涂的取了。他在清华学堂待了七年半，功课是平平常常，人也是平平常常，玩可是平平常常。要是把"中"字当"中样"讲，"庸"字当"碌"讲，他也总算是絜矩圣人之道的。

他初来美国的时候，是想学纯心理的，一九一九年在那一门混了一个B·A·，后就跑到社会学里过去了，现在他又想研究人类学。

他的志向是想把中国人的脑袋量清楚，来与世界人类的脑袋比较一下，寻去他所属的人种在天演路上的阶级出来。要是有机[会]，他还想去新疆、青海、西藏、印度、波斯去刨坟掘墓、断碑寻古迹，找些人家不要的古董来寻绎中国人的原始出来。

这篇报告大概是现存的李先生所写的最早一篇文字。从它看来，李先生对"中国人的原始"这个课题的研究方式，从一开始便是自多方面同时入手的——又要"量脑袋"，又要"刨坟掘墓"。在1922年的12月28日，李先生在美国人类学年会上宣读了他的第一篇专业论文，《中国的一些人类学的问题》。这篇文章以不完全相同的形式在两个刊物上发表，一个是在巴尔铁摩出版的《中国学生月刊》(The Chinese Students Monthly)，第17卷第4期，325—329页，1922年，另外一个是《哈佛毕业生杂志》(Harvard Graduates Magazine)，第31卷，123号，346—351页，1923年。在前一篇文章里，李先生认为各种社会科学中以人类学最具潜力发展成为一种哲学的体系，因为"它包括人文科学的所有领域"。在中国人类学的研究上，他特别提出中国语言文字对中国思想的影响。[这一点罗素在同年出版的《中国的问题》(The Problems of China) 一书中特别引述]。

后一篇论文即在《哈佛毕业生杂志》发表的文章中，李先生简短地报告两年来他对中国民族的形成这个问题上所做的研究，说明他在这项研究上使用了五项不同的材料，即中国人人体测量数据、史书里有关城邑建造的资料、姓氏起源资料、人口资料，以及其他历史文献资料。从这五种资料中李先生分析中国民族的五个源头，即黄帝子孙、通古斯人、侾吉蔑人、僤人和藏缅人。但他在这篇报告里做了一个意义深远的结论：由这项研究可以看出人类学在中国史学上的前途是远大的。他指出目前需要进行的人类学工作，包括四项调查和研究，即考古调查、民族志的调查、人体测量学的调查和中国语言的研究。在 1923 年这篇文章发表的时候，这四门学科的科学研究在中国都几乎尚未开始。李济先生自从他专业生命方才起步的时候便采取了研究中国古史各个学科兼行并进的方式。

在这里用李先生早年的三篇文字，介绍他的"人类学派"的为学方式，是因为李先生在中国考古学上和殷墟发掘上的巨大贡献多少把他对中国古史研究一般性的启发遮盖过去了，所以李先生对一般史学方法途径上的贡献是比较不为人注意，而值得特别指出的。最近李光谟先生与我一起编辑了一本《李济学术论文选集》，不久会由北京的文物出版社出版。在这本书的"编者后记"里，我们"选了四个题目，对我们相信是李济先生主要贡献之中的四个方面，就它们的历史背景，稍加评论"。这四个方面是：

一、中国古代史研究的一个人类学的途径；

二、现代科学考古学在中国的建立和初期发展方向；

三、殷墟发掘与中国古史；

四、中国古器物学的新基础。

这四项里面，后面的三项是读者熟知的，不必在此辞费了。关于第一点，我上面指出是李先生专业生活起步阶段的特色，但自 20 年代以后半个世纪之内，一直也是李先生学术研究的指导方策。在 60 年代初期，李先生当中央研究院历史语言研究所所长时期，他曾发起了编辑一套《中国上古史》。在《再谈中国上古史的重建问题》(《中央研究院历史语言研究所集刊》第 33 本，351—370 页，1962 年）一文里，李先生很有系统地说明了编辑这部书的一些基本想法。他说写这部书需用七种材料：第一种是与"人类原始"有关的材料；第二是"与研究东亚地形有关的科学资料"；第三是用考古方法发掘出来的"人类的文化遗迹"；第四是体质人类学；第五是"狭义"的考古发掘出来的,属于有文字记录时期的资料;第六是民族学家所研究的对象;第七是"历代传下来的秦朝以前的纪录"。由李济先生主持撰写的《中国上古史编辑大旨》(1972)对所用的资料的界说是:

> 以可靠的材料为立论依据,材料必须是经过考证及鉴定的文献史料,和以科学方法发掘及报道的考古资料。撰稿人须尽量利用一切有关的资料,尤其注意利用最新的资料。〔《中国上古史》(待定稿)第1本,1972,第4页,台湾中央研究院历史语言研究所出版〕

这里应当加圈加点的一句话是:"**一切**有关的资料。"这句话所代表的看法与上面引述的李先生在50年之前的说法还是一样的!做古史研究尽管要分成不同的学科,我们做中国上古史研究的人还是要广要博,要使用**一切**有关资料,同时自然也要利用各个学科对这些资料研究的成果。从这种眼光来看,我们中间有研究考古学的,有研究古地史的,有研究民族学的,有研究先秦史的,这不过是在搜集资料、研究资料之上有所分工而已。在研究中国上古史的时候,李济先生便以一个"人类学"者的地位,也就是以一个着重比较兼顾各科的地位,而不是以一个狭隘的考古专家的地位出现了。

"比较"的对象,除了不同学科之外,同样重要的是中国与外国。《再谈中国上古史的重建问题》(1962)里说:

> 中国历史是人类全部历史最光荣的一面。只有把它放在全体人类的背景上看,它的光辉才更显得鲜明。把它关在一间老屋子里孤芳自赏的日子已经过去了。

从这个立场出发,《中国上古史编辑大旨》对作者们有这样的一条指示:"中国上古史须作为世界史的一部分看,不宜夹杂褊狭的地域成见。"

这个看法,并不是个人胸襟的问题。而代表在上古史资料研究上的一种实事求是的基本态度。《再谈中国上古史的重建问题》(1962)一文中,李先生综述他对殷商时代中国文化来源问题的见解如下:

> 殷商时代的中国文化……发展的背景,我们认为是一种普遍传播在太平洋沿岸的原始文化。在这种原始文化的底子上,殷商人建筑了一种伟大的青铜文化。而青铜文化本身却有它复杂的来源。在这些来源中,我认为是与两河流域——即中央亚细亚有密切的关系,若是我们把欧亚非大陆,在最近一千二百万年所经过的变迁,及动植物移动的历史弄清楚了,这一现象可以说是并不奇怪。史学家研究这一阶段文化,所面临的最要紧的问题,一部分是要如何把殷商的考古材料与史前的考古材料比较贯穿;同时要把若干不能解释的成分,找出它们可能的来源,这些问题,在我看来,都不是凭想象所能解决的。它们的解决,需要更广阔的田野考古工作,及更深度的比较研究。

这一段话表露了李济先生实事求是的为学态度。他自己便从事了不少这一类"更深度的比较研究";不论是在铜器的研究上,还是在陶器上,还是在艺术花纹上,他都指出过殷商与亚洲中部、西部同时的古文明之间的若干类似性。他说:

> 两千年来的中国史学家,上了秦始皇的一个大当,以

为中国的文化及民族都是长城以南的事情；这是一件大大的错误，我们应该觉悟了！我们更老的老家——民族兼文化的——除了中国本土以外，并在满洲、内蒙古、外蒙古，以及西伯利亚一带；这些都是中华民族列祖列宗栖息坐卧的地方；到了秦始皇筑长城，才把这些地方永远断送给"异族"了。因此，现代人读到"相土烈烈，海外有截"一类的古史，反觉得新鲜，是出乎意料以外的事了。〔见《记小屯出土之青铜器》，中篇，锋刃器，在《台湾大学文史哲学报》第4期（1952）重印时加入的《后记》。〕

李先生这种具体的主张是不是完全能够成立，还有这里的看法与上述以太平洋沿岸原始文化为殷商文明底层的见解有无摩擦，都是见仁见智的问题。不过把中国文化放在世界文化里面来研究的态度，也是李先生所主张的人类学派古史观的一个重要成分。

哭童恩正先生

1997年4月20日童恩正先生以急性肝炎在Wesleyan University逝世的消息传来，涌涌而来的情绪，除了失掉一位朋友的悲痛之外，就是十二万分的惋惜。惋惜一个未完成的工作。这工作如果可以完成，可能是很伟大的。

我和童先生并不是很老的朋友，我们认识是在1982年才开始的。那年他由政府的公费支持，到美国来从事研究。他选了哈佛，因为哈佛是他父亲读过书的地方。我对他最深的印象，就是他的绝顶聪明。他并没有系统地学过英文，但是他一点都不怕羞，就挤到人群里面去大说英文；在最初人家不知道他说什么，但是数星期以后，他就可以说相当流利的英语。其他的学问也是这样。童先生的学问都是赶出来的，他好像要在短时间之内把所有需要的学问都学到。

童先生来哈佛以后，我们谈的事集中在一点，就是如何实现一个哈佛大学——我所工作的学校——与四川大学——他所工作的学校——在考古学上合作的计划。对东南亚的民族植物学有些常识的人，都知道中国西南山区民族植物学在中国与东南亚农业起源上的重要性，而至今在这方面的研究，可以说是没有。除了农业起源这个主题以外，考古学、民族学、民族语言学、民族动物学、地理学等等学科，我当时所知道的，在中国最有研究潜力与研究价值的地方,就在四川及四川以外西南各地区。这些都是童先生与我很快得到共识的。

这天下午,我正跟童先生在我的办公室聊天的时候,突然电话铃响。那边是美国国家科学院与中华人民共和国科学院交流委员会里面一位与我很熟悉的职员,叫 Alexander de Ageles 的。他说,交流委员会刚刚和中国的教育部签了一项合同,在六门学科中从事非常密切的合作计划。里面惟一非自然科学的学科就是考古学。他问我有没有研究计划,如有,叫我赶快申请。我把这个新的突破性发展告诉童恩正先生。我们两人当然非常快乐,于是将平常的空想具体化,在一个星期之内,便写了一个向美国国家基金会(National Science Foundation)申请一笔经费的计划。不用说,我和童先生都深深地体会过中国这个弱小的民族在西方侵略之下所受的痛苦。我们所写的合作计划不可能是以西方的利益为先驱的。现在事过境迁,不必把这个计划在这里详谈。这个计划分成两个部分,一部分是关于中国,即在四川大学设立几个考古实验室:考古学实验室、碳14实验室、考古动物学实验室、考古植物学实验室、地质考古实验室等五个中国当时还没有的实验室。每一个实验室都有一个在那个学科很有地位的学者主持;例如,碳14和地质考古研究室将由耶鲁大学的 Karl Turekian 教授主持;考古植物学实验室的主持人将是 Boston University 的 Lawrence Kaplan。所有实验里面所需要的仪器和化学药品,第一年都由美方提供。

计划的另一部分,是关于民族植物学与农业起源的问题的研究。这一部分,由中方童恩正和美方 Richard MacNeish 教授共同主持。MacNeish 教授如众所知的是当时世界上最有地位的研究农业起源的学者,解决了近东小麦和墨西哥玉蜀黍的起源问题。他们两个人将沿着四川盆地的边缘去找寻早期新石器时代的文化，费用由 MacNeish 通过他的 Peabody Foundation (Andover) 负责。

我们这个计划大致如此，当时美国科学界对中国研究的兴趣是大得不能再大了，筹到经费是没有问题的，学者也愿意无酬前来研究。在我和华盛顿交流委员会职员谈话后的第二天，四川大学人类学系支部赵书记便飞到北京，到教育部去找和中国考古学合作有关的官员，想和他们讨论四川大学和哈佛大学在考古学上合作的事情。这个询问将教育部的两个官员惊诧得张开大口，说不出话来，后来他们说，我们这个事情昨天才讨论完毕，你是哪里听来的？

当时很巧，夏鼐先生和夫人正在哈佛访问。我就趁这个机会记述一下一件很奇怪的事。夏先生和夫人到的那天晚上，学校设宴招待，宴席的地方就是住宿也在那里的有名的教员俱乐部（Faculty Club）。饭后刚回到家，就听到夏所长的电话说："不好！我的行李全都没有了，我太太因为身材小，她的衣服是买不到的，你看怎么办？"那时已是晚间十时，我就给童恩正打了个电话，请他先去照顾一下，我自己马上开车回转。一刻钟以后到教员俱乐部，夏先生、童先生和教员俱乐部高大的经理 Charles 在讨论钥匙问题。夏师母在屋里团团转。这件事是很奇怪的，在哈佛教员俱乐部历史上，房客丢失行李这是第一次。我们最后商量的结论，这一定是有政治性的，因为夏鼐先生是中国社会科学院副院长，他的行李在哈佛丢失，可以使哈佛受窘，甚至破坏已经说好的协定。但是我们又觉得，这未免小题大作了。总之要紧的是夏师母的衣服决定次日再谈，经理非常抱歉，答应赔偿，所以决定次日夏先生给我一个失物单。

次日，我邀请夏先生、夫人和童恩正先生到我家里便饭。

那时夏先生便将失物单给了我（后来我将失物单给了经理，一个月以后，我寄给夏先生一张四个数字的赔款支票）。后来童先生告诉我，夏先生就在我家吃饭那天告诉他千万不能与我或任何外籍考古学家从事合作。童先生因为教育部已经签了字，想夏先生一个人反对大概没有什么关系，于是继续和我讨论合作的事情。

下面是我很久以后听到的小道消息。夏先生从美国回京次日就驱车到教育部，质问什么人签字同意把考古学放在合作项目里面的，应给予适当的惩罚。我们和四川大学的商议，从开始到结束，夏先生一个字也没看，从原则上就反对中外考古合作。从第一天开始做梦，到童先生回到四川大学，我们两个人所计划一切的理想都是白做的。事实上童先生刚回北京就又和夏先生谈过一次，但夏先生的立场一点未变。这是日积月累多少年以后我才知道的。

夏先生反对中外考古合作我早已知道。在他有一次来哈佛时，便很情绪性地告诉我，中国人不能和外国人考古合作至少有两个原因。第一，外国人的考古技术发达，中国人很难赶过，如在中国境内一起考古，中国人的成绩一定不如外人。第二，外国人不能相信。一个例子：梁思永和 Creel 说好的，合写一本书，讲安阳殷墟。结果，书出来之后（书名 *The Birth of China*），全是 Creel。由这两个例子，我在考古所任上一日，外国人就不能碰中国的古物。夏先生的人格学问，都是我和童先生极为佩服的。他对于中外合作的意见也是我们完全可以理解的。但是这种心态是 30 年代和 40 年代的心态。全球的考古学家都需自动遵循今天 20 世纪 90 年代的行为准则。

童先生回到四川以后，来信告诉我们的计划又吹了，但是没有告我详情。后来，上面写的这些细节逐渐出现。我们常常想：如果 1982 年与四川大学合作的计划能够如愿实现，中国考古学今日的面貌又当如何？这件事的大概，夏先生生前，中国的考古学家可能全都听说过，它已经不是什么秘密了。可是有些要紧的细节，大概不为所有的同仁所知。这是中国近代考古学史上的一个脚注。1995 年夏先生过世以后，童先生与我曾经辩论它值不值得公布，最后我和童先生说定：两人后见夏先生去的，有将此事详细报告的义务。所以我虽然不愿，却不能不把这一小段历史写在这里。童先生对中国考古学的发展、推动不惜余力。我相信他不会后悔我们作了这个决定的，只是我没有办法请他修改文中任何错误了。

附 录

中国考古向何处去

——张光直先生访谈录

陈星灿

张光直先生是我素所尊敬的世界著名的考古学家。他的许多著作，构思巧妙，见解独特，被译成多种文字，在国际上产生了深远的影响。1993—1994年度，笔者在哈佛大学进修期间，有幸聆听张先生为研究生和本科生开设的《中国考古学》课程，参加由他主持的每周五举行的"东亚考古讲座"，更有机会经常到他在碧波地博物馆五楼的办公室请教问题，在博物馆对面的自助餐厅和很多年轻朋友围坐在他的周围，边吃边聊，享受午餐的快乐。张先生渊博的学识，宽厚的长者风范，诙谐幽默的天性，谆谆善诱的谈吐，使他充满了难以抗拒的具有浓重人文色彩的个人魅力。我的朋友罗泰在把他的博士论文《乐悬：中国青铜时代的编钟》（加州大学出版社，1993年）献给张光直先生的时候，曾引用了《礼记·学记》里的一段话这样比喻先生："善待问者如撞钟，叩之以小者则小鸣，叩之以大者则大鸣，待其从容，然后尽其声……此皆进学之道也。"就我所知，张先生对此当之无愧。学期结束以后，我有暇整理自己的思想，并就一些个人关心的问题，集中提出来请教张先生。虽然讨教的时间断断续续，所问的问题芜杂而没有系统，但是事后发现，我们始终都在围绕着一个主题进行，那便是：中国考古向何处去？经张先生同意，我把讨教的问题以访谈录的形式整理成文，公开发表，供关心中国考古学和人文社会科学发展的朋友学习参考。本文"较少涉及考古专门问题而又可供其他学科的朋友参考的部分"已在《读书》刊登（1994年12期），蒙张光直先生慨允，并征得《读书》编辑部同意，现将采访全文发表，以飨读者。

问：张先生，中国考古学如果从1921年安特生发掘仰韶村算起，迄今已经跨过了三代人的历程，其间有许多曲折，也获得了很多成就。您能否从正反两方面给中国考古学做一个简要的评价？

答：这个问题说来话长。简要地说，我想大家都知道，中国考古学在过去七十多年所发掘出来的新资料，把中国的史前史和古代史带到了一个完全新的境界，这是在考古学的初创时期没有预料到的。人们以前认为，中国的文献浩如烟海，正史、野史和各种传说异常丰富，考古学的资料不过只是证实历史，或者对之做小规模的修改。但是从70年代以来，尤其是八九十年代的考古新发现，使我们第一次了解到中国的史前史远在文字记录的范围以外。所以，假如没有考古学，就根本没有中国的史前史，中国的上古史也不完全。另一方面，考古学除了建立起中国的史前史和上古史的新的框架以外，也找到了许多文献材料。这些材料主要是汉代和汉代以后的，战国时期的也续有发现。它们不仅证实了许多传世的文献，而且新增了不少以前所不知的材料。这些都是很令人兴奋的发展。反面的东西很难说，我们只能批评中国考古学做的方法不够完善，或者有什么缺点，但是我们不能说考古学在中国历史或上古史的研究上有反面的影响，所以我只能说正面的影响。

问：就我个人的理解，中国的考古学无论在研究的对象或方法上，都有别于其他国家和地区的考古学，从历史的角度出发，请您谈谈形成这种情况的原因。

答：历史的原因很多，我个人觉得下面的两点尤其重要。其一，是中国传统的金石学的基础。金石学历经千年的发展，在20世纪初期的中国知识分子的心目中，占有一个很重要的地位。金石学研究的对象虽然不是科学发掘所得，但它的研究有许多合理的成分。所以当考古学从西方传入的时候，金石学的方法就自然转移到考古学中去。还有一点，金石学的分类，是继承史前陶器的分类，换句话说，史前陶器的分类也可从金石学的研究得到启发。所以，中国考古学家在史前陶器的研究上，自然而然地就会想到用金石学的术语和分类进行处理。其二，中国历史上第一次重大的发掘——由国家集中人力采用新输入的现代考古学的方法所进行的发掘，是在河南安阳的殷墟。这件事情对中国考古学后来的发展，有很大影响。殷墟是历史时期的遗址，在它的研究上一定要使用文献的材料，出土甲骨和金文的材料，所以把考古学主要放在了历史学的范畴内。考古学的目的、方法和所利用的文献，使它主要在中国历史学的传统内延续下去。这种考古学的成见，影响到史前学的研究。假设中国集中人力连续数年发掘的第一个遗址，不是殷墟而是新石器时代的遗址比如半坡、姜寨或者庙底沟，培养出来的一代专家，不在历史学而是在史前学的领域内，很可能中国考古学会走到另一条路上去。中国的考古学会注重生态环境、植物、动物、土壤的研究，注重陶片分析、遗址分析和石器分析等等，就如西方的那样。但是，历史是不谈假设的。

问：记得您曾经在一篇文章里，建议把从旧石器时代到秦汉以降的中国考古学划分为四个阶段，因为各个阶段的内容不同，所以对研究者的素质要求也不一样。我由此想到，中国考古学现在的状况，除了您刚才讲的有关中国考古学的几个学术来源以外，能否请您结合哈佛大学的情况谈谈在我们的本科生和研究生教育方面存在的问题？

答：中国的教育制度我不熟悉。我不能谈存在的问题。我只能拿哈佛大学和一般美国大学的教学和中国的比较一下。美国的本科教育是通识教育（general education），目的是训练学生作为一个社会上有知识的人，即所谓 educated person。所以他们虽然有专业，但专业不是职业性的，只是比较深入的研究。通识教育有核心课程（core curriculum），这是相信知识里面有中心的、核心的东西，每个学生都应该掌握的。核心课程分成五组，包括历史、科学、文学和艺术、社会分析和道德推理以及外国文化。任何专业的学生都必须在五组里选八门课才能毕业。在专业课里一般选十二门。除了专业、通识以外，还有其他很多的选择，四年大约共修三十二门功课。所以美国的大学生毕业以后，一般的常识比中国的大学毕业生要广泛得多，但在专业方面的深度远不如中国的学生。

他们的专业教育是在研究生院学的。念考古的研究生一般是到人类学系，方向是非西方考古学。西方的考古学则在美术史系、古典研究系和近东系。研究生的教育也要先通再专，博士资格考试有专业（special）和一般（general）之分。50年代我念书的时候，人类学系研究生的一般考试，包括体质人类学、考古学、社会文化人类学和语言学。60年代以后，资料增加，学科分化严重，考古学以外的课程不再包括进考古专业的一般考试，但必须修一到三门。在哈佛一般上三年课，三年内要念完必修课,包括考古学的理论和方法、考古学一般的、自己研究的区域的和外部区域的大约五六门课。社会人类学两门,体质人类学两门,有骨骼学和统计学。一般考试在第二年初,专业考试在第二年之后。还要求学两门外国语,因研究的方向和地区选择语种,一般是德、法语,远东地区则要求汉、日语或者法、俄语。研究生的专业取向伸缩性很大,一般是根据学生的兴趣和长短,为他们设计训练的计划,导师也不固定。这是和中国很大的区别。中国的研究生是考某个先生的学生,美国的研究生则是系里所有教授的学生。他也有一个主要的导师,具体视专业而定。假如说你的专业是中国地区的旧石器时代考古,那主要导师就不是我,而是巴尔约瑟夫(Bar-Yosef)。因为旧石器时代的研究没有国界,没有国家性和民族性。我不是说旧石器的文化不是我们的祖先,是说在研究上没有办法把旧石器时代的文化做文化和族群上的分类,它是世界性的。这包括人类的演化问题,旧石器时代的大部分时间,人类还没有达到智人(Homo sapiens)阶段;到了智人阶段,旧石器文化达到高峰,然后很快农业就产生了。假如研究中国的新石器时代、青铜时代、国家的起源、社会的变化,一般是由我做主要导师。学生到系里来,把所有先生的精华都学到肚里,消化一番,成为他们学问的基础,形成自己的见解,应该比老师强。所以,我有机会就在国内鼓吹推动这种带学生的方法,我认为中国传统的师徒相承的方法不是最好的方法。中国的方法当然也有优点,就是从一个老师学得比较彻底,就像学武术那样。但是学武术的人,纵使把他的先生学得很精,也很难超过先生;除非他从别的学派,比如少林派的学点太极和武当,武当派的学点少林什么的,与师承糅合在一起,才能进步,念书也是一样。

问：就我在哈佛听课的经验，有些教授对中国的考古材料持怀疑态度，但是他们或者不搞中国考古或者根本看不懂中文材料，这种对中国考古材料的怀疑态度在国际上是否普遍存在？原因何在？日本的情况怎样？第三世界国家的情况又如何？

答：我觉得不是怀疑的态度，是不知道的态度。因为他们不知道，所以不敢信任。但是即使是他们看得懂的东西，他们往往也不信任，这是很遗憾的事情。我有一个很强的感受，中国考古学的材料很多，应该给外国人作介绍。主要是介绍给非专门研究中国的西方一般的学者，我们不希望这些人会看中文，所以最好我们给他们翻译出来。但是现在某些中文期刊的英文介绍，英文水平很不够。我不是批评翻译的人，因为英文的确很难，要把英文写得和以英语为母语的人一样根本不可能。我在美国待了四十年，我的英文还是中国人的英文。翻译很有必要，但是如果英文太差，翻译反映不了中文原著的精华，其效果更差。翻译好比一面窗户，如果玻璃上涂抹得厉害，根本看不见外面的风景，那就失去了存在的意义。我现在说一句也许是很绝的话，假如你的英文不好，最好不要翻译，因为翻译出来没有把握，有害无益。希望这些做考古和做一般社会科学的人，把好的东西给真正懂英文最好是以英文为母语的人翻译，自己留着精力做研究。我说的是中译英，英译中那是另一回事。英文懂，中文基础又好，把英文译成中文就会有很大贡献。我鼓励翻译，日本学界对国外重要的书一般都有翻译，国民对世界的知识比我们要多。

说到日本，日本现在的材料不会被西方人怀疑。因为他们现在的翻译做得很好，他们的英语并非都很好，也有错误；但是，他们做事很彻底，一般是全翻，包括各种地图、剖面和照片等，很具科学性。第三世界国家的情况差别很大。比如印度，有的考古学家的工作让人信任，有的则不然。一般说来，第三世界国家的科学研究不够标准，如果翻译成外文的水平再降一格，给人的印象就是你的研究做得很坏。

问：除了金石学传统，中国考古学的理论和方法（包括马克思主义的历史唯物主义），大部分是从西方特别是英美学来的，应该说"根正苗红"。经过半个多世纪的惨淡经营，中国考古学取得了举世瞩目的成就，在方法上也形成了自己的特色，然而由于长时期地和西方学术界处于隔离状态，我们对他们在理论、方法和技术的进步所知甚少，他们对我们的研究也不甚了了，从西方学术发展的背景，能否请您谈谈我国考古界在发掘技术、研究手段、课题选择方面的长短？

答：这个问题很难一概而论。我在中国考古现场的时间并不多，发掘技术、研究手段大都是从报告里间接得来的，所以只能谈一点感受。就技术说，美国的技术固然也有应用得多少和好坏之分，但最好的技术比我们要多，也比较细，因此古代的信息遗漏的少。在过去，我们的发掘不筛土，不用浮选法，所以土壤中很多宝贵的资料都丢掉了。近几年来，中国考古学者认识到筛土和浮选法的重要性，已经开始在做。研究的方法也很难一概而论，只能说我们还是使用40年代以前的方法，就是类型学和地层学。中国考古学者对类型学和地层学的着重是完全合理的，但除此之外，国外还有许多方法。中国从50年代起跟西方的科学基本隔绝，而六七十年代西方在考古技术方法上的变化最大。因此研究方法上应该多向他们学习，还要注意弃其糟粕，取其精华。比如说用人类学的材料做考古学的比较研究，是很重要的方法。中国学者也用这个方法，但用起来比较原始。就是拿人类学的材料和在考古遗址里发现的在现象上一致的材料做对比，如果相似，就说我们的古代民族也可作如此解释。但是，我们知道，同样形式的东西，在社会中不一定扮演同样的角色。所以要使用人类学的材料，必须先把它在现代民族的社会里的角色了解清楚，换言之，要对它做一番功能性系统性的研究，这样才能把它跟古代社会里的各方面契合（articulate）起来。把所解释的对象与它的社会环境和文化环境广泛地联系起来，解释的说服力就增强了。国内的很多研究是作一个陈述，即 make a statement。就是说 A 就是 B，而缺乏进一步的证明。作一个陈述容易，比如说某器物是做什么用的，某个社会是母系社会等，但这还不够，还要做进一步的证明，要把研究对象的特征和文化社会的接触点都找出来，接触点越多，就越令人信服。

课题选择方面，改革开放以来，很多国外关心的题目也在国内开展起来，比如农业的起源、现代人种的起源、国家的形成以及文明的动力等等都在研究。中国人感兴趣的文明起源问题，在国外反而不是热点。因为文明起源的研究涉及族群和文化的认定问题，这在西方是一个不大谈的问题。西方的文明不大容易定位，不像中国那样。比如美国是一个大熔炉，全世界的文化都是它的来源；欧洲也是这样，它有所谓的"野蛮人"，有一重重文明从地中海到北欧的传播，然而讲到族群的定位，一般只能讲到一个地区比如爱尔兰人、德国人等等。但是另一方面，西方文明是一个大的文明，讲起源，不能讲英国文明或德国文明的起源，因为他们只是西方文明的一部分。他们定位为西方文明，我们定位为中国文明。中国文明与西方文明的规模是可以相比的，都很大。

问：中国文化有自己的发展规律，不能拿西方或任何一个地方的既有模式往我们自己的研究上套；但是从另一方面看，在研究的理论和方法上又有趋同的趋势，那么，中国考古学的研究是否有与西方考古学接轨的必要？中国的考古学特别是新一代的考古学者如何承担起与世界同行对话的责任？

答：我想中国考古学者在今后几十年的最大任务之一，就是去了解世界考古学家的工作。看我们能够学些什么，又能贡献些什么。中国学者的一个习惯，是研究中国不研究外国。中国过去所有的考古学家，都是研究中国历史出名的，历史学家也基本上是这样。夏鼐先生在埃及做过发掘，但后来研究的还是中国的东西。不过因为他有外国的知识，做了许多中西交通的研究；其他人因为没有受过西方的训练，更是把视野局限在中国的某一区域。以我教书的体会，对其他不同类型文明的了解越多，对你所专门研究的文明的探讨就越深入。我对学生的要求是，你要学习中国考古学，很欢迎；但要对中国以外的至少一个地区有比较深入的研究。我有一个学生，现在已经做教授了，他的第一篇文章是关于古代玛雅的建筑，后来专门研究中国。还有一位，他的第一篇文章是研究美国东部考古学的一个学者的传记。所以我尽量鼓励同学在研究中国考古学之先，把世界考古的大纲了解一下。当然，这不能深入，是浅尝，要到中国文明里去求深知。

我还觉得应该有一部分中国的学者专门做世界考古学，比如法国、墨西哥、洪都拉斯、西伯利亚、大洋洲等的考古。因为要不参加进去，没有第一手的经验，就不可能有深入的了解。希望在大学里有世界各地的考古学课程，不能用一门世界史前史来代替。中国没人教，应该从世界上请，总之课程要世界化。我们将来的中国考古学家当然还是最多，同时要有一定数量的研究外国的考古学家，比如埃及考古的专家、中美考古的专家。希望外国人讲到埃及、中美或其他地区的考古时，引用中国学者的文献，而不是讲中国考古学的时候，才提到中国的学者。我还没有看到过在西方一般的史前史和考古学的理论和方法的著作中，引用过中国考古学家的著作。这不是中国没有贡献，而是他们不知道。所以我希望把研究局限在中国圈子里的习惯打破。这不是文化帝国主义，而是去学习。我相信中国人成为英国或中美的考古学家才是中国人的骄傲，中国人做中国的考古学家是理所当然的事情。

还要建立外国文物的博物馆。中国的文物全世界都有，外国文物在中国就没有。我在国内走了那么多的地方，没有发现世界史或世界考古的博物馆，外国文物很少有人有兴趣收藏。1975年我第一次到殷墟的时候，就给考古所安阳队的杨锡璋、杨宝成先生建议，把地面上俯拾皆是的殷墟四期的陶片收集起来，同国外交换。但由于制度不允许，所以至今没有成功。保护中国文物的主权是绝对必要的，现在大量的文物流到国外，国家没有办法，而把无用的地面上的陶片收集起来用作交换，又受到文物法的限制，这是很令人遗憾的事情。

问： 如此说来，我们的责任很重大。我们现在所处的时代是一个前所未有的改革开放时代，这对我们了解国外的新动态，介绍我们的新成果都有好处。但是另一方面，市场经济客观上也对我们的考古研究造成了冲击。大量的古遗址、墓葬被盗掘，发掘研究出版经费紧张，设备更新困难，虽然绝大多数考古学者出于高度的事业心和责任感坚守岗位，但是人心不稳，要与世界考古的同行对话谈何容易。张先生多次呼吁禁止文物盗掘，在这方面以及在解决经费紧张方面，国外是否有成功的例子?

答：我觉得一般人民的生活水平在过去二十年里不断在提高，这是好的方面。但是经济改革也伴随着很多负面的东西，其中之一就是文物盗掘。文物的盗掘和走私无论从哪方面讲都是不能接受的。我们固然不能因此停止改革，但一定要想法解决这个问题。我在《中国文物报》的一篇随笔里有一个建议，我说：要彻底解决这个问题，代表中国历史的文物一定要在十亿人民的价值系统里占有一个很高的地位，要掀起这种风气，建议请国家领导人、人大政协和各级媒体，在这个问题上公开表态，大声疾呼，造成不可抗拒的法律上道德上舆论上的压力。文物工作者要以身作则，不买卖文物，不收藏文物。要与港、澳、台的文物考古工作者及司法单位在此事上达成协议。有人说古物如给港澳台博物馆或收藏家收购，总比流到国外好。但有人买便创造供应的需要。要杜绝古物盗掘走私，釜底抽薪的办法便是使买主消失，阻止来历不明文物出入各国海关；同时与各国博物馆达成协议，以交换文物的方式换取各博物馆不买来历不明古物的承诺，尽量减少走私文物的国外市场，对不合作的外国博物馆，在文物交流、合作研究一类项目上加以"杯葛"，以鼓励他们合作。我知道文物走私是根绝不了的，但是我们一定要从国家的立场，对文物盗掘和走私宣战。假如马马虎虎甚至怂恿勾结文物买卖与走私，中国无法在世界上站立起来。

关于解决经费紧张问题，我很想推荐美国富豪捐款做慈善事业的制度。美国如果没有这种制度，就不会有哈佛、耶鲁、麻省理工学院这一类的大学，不会有斯密斯生研究院这一类的机构，当然就不会有今天美国在科学技术上的领导地位。这种行为在中国也不是没有，前清的武训，民国的陈嘉庚，都是好例。十年来的中国经济改革,成就了许多大富翁,希望他们捐款给中国的科学研究,向陈嘉庚和捐款建造北京大学赛克勒博物馆的美国医生赛克勒学习,也花钱换个不朽。

问:谈到美国的考古学,我很想听听张先生对美国考古学的历史和现状的总的看法。就我粗浅的感受,美国考古学的学派很多,研究的领域很宽阔,方法很新,技术应用很先进,似乎"传统"的"新(过程)考古学"的和所谓"后新(过程)考古学"的诸家并存,是不是这种情况?

答:是这种情况。现在我对美国考古学的接触面越来越狭窄。我作学生的时候及六七十年代,因为考试等原因,一般的理论书都要看;现在专注于中国考古学的本行,一般书只是浏览一下。目下理论书越来越多,看了使人生气,因为有许多是炒剩饭,没有新意,只是换点新名词而已。我不是说美国的考古学完全没有变化,只是说基本的观念没有变化。传统、新和后新考古学的演变,正合乎正、反、合的三段论法。传统考古学是正,新考古学是反,后新考古学是把新考古学作了一番扬弃,又回到传统考古学的一些主题上去,是合。现在美国的考古学是百花齐放,百家共存。六七十年代的美国,新考古学一家独尊,正如此前传统考古学的独尊一样。

西方考古学的变化从 30 年代起,开始是人类学家和马克思主义的考古学家要求以人类行为为研究对象,而不是集中精力在器物的分类和描述上。在 30 年代初期,苏联的考古学家陶戈里(Talgren)和英国的马克思主义考古学家柴尔德(Childe),即呼吁考古学家要研究人,研究古代社会的经济和政治等方面的问题。40 年代初期,哈佛的人类学家克拉孔(Kluckholn),对中美考古学研究的现状进行了尖锐的批评,称中美考古学是改头换面的古物学，认为要改变这种情况，考古学者一定要把他们的工作当作了解人类行为的一般性研究工作的一部分来从事。奉劝考古学者不要成为阿鲁都斯·赫胥黎笔下一生献身于三个叉的叉子的历史的那位仁兄一类的人物。战后的1948年，泰勒（W. Taylor）的《考古学研究》出版，这是美国考古学史上非常重要的一部书。他具体地把考古学从物到人的研究方法提出来，倡导"缀连法的研究方式"（conjunctive approach）就是说要研究古代人类的行为，应该把文化方面的遗物缀连起来，重建文化的有机整体。五六十年代，有两种力量加入考古学阵营。一是斯图尔德（J. Steward）为代表的文化生态学，一是魏利（Willey）为代表的聚落形态研究。前者的思想被后者引进到他在秘鲁维鲁河谷的史前聚落的研究中，这是泰勒所主张的缀连研究法的第一次具体的实用，提供了一个从考古的物到社会的已经消失的人的研究范式。我个人在1958年的《美洲人类学家》杂志上，发表了一篇《新石器时代的社会分群的研究》的论文，提出考古学研究假如没有"社会的"那一面（social dimension），研究本身就没有意义。这句话有点过火，引起学界的很大反响。有一个学者给编辑部写信，说我倡导有社会的眼光研究考古学是很好的，但不能说没有社会的眼光，就是没有意义，因为器物本身的研究也还是有意义的。三十六年后的今天，我仍然坚持我的看法，但我不会说没有社会眼光的考古研究就是没有意义（meaningless），应该说意义不大（less meaningful）。60年代，新考古学兴起，这与60年代全世界青年反抗权威的思潮联系在一起。新考古学好像是新的，但其实是延续着陶戈里、柴尔德和泰勒等的一条线一直下来的。60年代的整个爆发，造成了一场很大的革命。像所有的革命一样，它也有极端的地方，所以，等人们冷静下来，就有了后新的考古学。我不是说后新（过程）考古学比新考古学要好，我想说的是，理论应该是多元化的。现在的美国考古学，有旧的、新的、后新的、又新又旧的、不新不旧的，还有理论上很错乱的。考古学要保持一致（consistent）不容易，一个人本身保持一致也不容易。无论美国或是中国，一种理论独尊都是不健康的。因为每一种理论都有它合理的成分，你可以坚持某一个学派，但对其他的学派要保持尊敬的态度，当然应该把坏的东西去掉。

问：我注意到您发表在1994年5月8日《中国文物报》上的文章，我相信绝大多数读者包括俞伟超、张忠培两位先生本人，都会体会到您对中国考古学的发展所寄予的真诚的希望。特别是您对我国考古学提出的"理论多元化、方法系统化、技术国际化"的三个目标，相信更能引起中国考古学家的共鸣。您在文中对美国新考古学的来源、理论、方法的优缺点都有精辟的分析。国内对新考古学的介绍和评价很多，我自己也写过这方面的文章，但在我看来无论是反对者或者支持者，说句不客气的话，都没有机会读多少新考古学的著作（包括我自己），更无缘直接观察他们的发掘和研究活动。而您不仅身处那个时代，而且也是六七十年代考古学理论探讨的积极参与者，所以我相信您的评述是权威性的。但是我还是有一些疑问要请教您：一、为什么很多西方考古著作包括魏利和沙巴罗夫（Sabloff）的《美洲考古学史》，把60年代作为新考古学进而作为一个新时代的开始？二、在泰勒等四五十年代的先驱者和宾弗（Binford）、克拉克（D. Clarke）之间到底有什么不同？三、新考古学作为一个有影响的学派，正如您在文中所说，"必然有它引人之处"，但是除了您所讲的"情绪上"

的以外,近二三十年美国在"技术上"的进步,是否与新考古学的身体力行相关?新考古学既强调系统分析,就必须注意收集尽可能多的考古资料;但是他们又倡导所谓"假设—演绎法",用您的话说是"他们不相信考古材料本身有任何的价值,考古材料只是材料,只是验证先行假设的原理原则过程中偶然的产物",这种矛盾是否当时就看得清楚?可能的话,能否给我们举一个他们削足适履让材料迎合假说的例子?

答:关于第一个问题,我的看法是,历史著作一般是作者离开他要写的时代越远,写起来就越比较客观。60年代的考古学史,七八十年代的写法就和现在不一样,也一定和21世纪的写法大不一样。史学著作都是一家之言,魏利说是新的,我说不是新的,都有我们自己的根据。但我要说,60年代的学术风气确实与过去不一样。至于和三四十年代是质的不同或是量的不同,那要看你说的角度而定。从考古学的目标,真正的考古学的方法、理论对考古学作业的影响看,是一个量的变化;从概念的作用,人对考古学的印象,参与者的情绪,使用词汇的系统上看,是一个质的变化。所以说60年代是一个新时代的开始并不错。第二个问题很好。也许每个人的结论都不会一样,但是他们的著作俱在,我们可以比比看。克拉克有一本《分析考古学》,宾弗有《考古学的观察》等几本著作(包括他编辑的),泰勒有《考古学研究》,魏利有《秘鲁维鲁河谷的史前聚落形态》,后者是一本研究报告,拿它做比较不合适,只有拿前三者来比较。你会发现,他们的基本目的和精神是一样的;不过泰勒的想法比较粗,目的说出来了,是要做缀合的研究,但具体怎么做,他没有一个很整齐的系统,系统是由前二位说出来的。所以他们的不同不在大的方向和目标上,而在具体的做的方法上。关于第三个问题,我在你所提的那篇文章中其实已经谈到一些。新考古学除了对人们情绪上的吸引之外,一是它对文化生态学的重视,影响了许多新技术的产生。考古学在这二十多年的进步,不是理论,而是技术。所谓技术,就是产生新资料的手段。从地底下挖出新资料的手段是技术,从旧资料中挤出新资料的手段也是技术。在新考古学的研究中环境的研究很重要,所以他们千方百计地使用新技术去取得新资料。这二十多年技术应用实在是太广泛了,这当然不完全是新考古学刺激出来的;战后的科技发展,客观上使新技术在考古学上的应用成为可能。在某种程度上说,这种应用只是对其他科技的"剩余价值"(peripheral value)的利用而已。第二点是它的求证方法说得很清楚。传统的研究自以为它的方法不言而喻,其实往往比较含糊,前后也不一致(inconsistent),新考古学的研究,则强调方法的验证,强调前后的一致性,是进了一步,我并不认为新考古学在方法上毫无贡献。但是另一方面,因为他们的主要目的是求原理而不是资料,所以他们的资料只是求原理过程中的产物。你可以看他们在过去二十多年里的报告,然后跟他们当初申请经费时的计划进行比较,看看是否前后一致。我没有时间做这个工作,我有一个印象,他们的考古报告或者迟迟不出来,或者出来了也和当初申请经费时的设计大不一样,并不是那么前后一致,还是满传统的。他们的申请报告我看过许多,因为当时尽管新考古学独霸一时,他们的有些申请书还要送到我这里评估。比较他们的申请报告和研究报告是一个很好的题目,你们有兴趣做好了。

问:我听普里色教授(R. Preucel)的《考古学的理论和方法》课,他把传统的、过程的和后过程的各个考古学派甚至各学派内部的分歧划得很清楚,某人属于某派也说得很具体,但我体会他的划分主要是依据某人所言(声称),而非所行(研究)。所以当我问他张先生属于什么学派时他便不好回答,因为您的著作似乎三者的因素都有,从您对古代美术在中国上古政治上的作用的强调看,把您划入后过程考古学派大概也不为过。从这种意义上说,我们对西方考古学的学习应该是多方面的,不知我的理解对否?

答:你说对西方考古学的学习应该是多方面的,我完全赞成。我们应该吸取每一个学派的精华。我个人属于什么学派,我也不清楚。我的很多思想和传统考古学很像;我做的研究,很多又是后过程考古学喜欢做的。后过程考古学把新考古学说成是很单纯的学派,也不很正确。新考古学其实不只讲文化生态学,也可以讲宗教和艺术,只是习惯上不做罢了。新考古学也可用来研究宗教、艺术和象征(symbols),不能说研究宗教、艺术和象征就是后新考古学的事情。这种分派我觉得不是很准确,所以多方面学习是最好的。

问:美国考古学的理论倾向和它的人类学传统相关,这是历史造成的。今天在世界趋于大同,所谓"原始"民族的文化不断消失的情况下,美国考古学的理论倾向是否还会继续保持?民族考古学又是怎么来的?

答:人类学也是在不断变化的。克罗孔说人类学有三个特点:一、研究人类文化的所有变异,包括从最原始的到最先进的民族文化;二、研究的方法永远是比较的;三、人类学家坚持所有事物都是有关系的。在这种意义上说,人类学并非只研究"原始"民族。新考古学所谓的"美国的考古学是人类学,要不什么也不是"的说法,客观上是由于历史考古学在美国开展得很晚,不过是近一二十年的事情,但毕竟在史前考古学和民族学之间,有了历史时期的考古学。所以美国考古学的人类学的取向(dimension)不会消失。但美国考古学只是人类学的说法,现在已经没有多少人坚持了。说到民族考古学,它是从考古学的目的出发,研究民族学的一种学问。1967年,我在《当代人类学》杂志上,发表了一篇《论考古学和民族学的关系》的文章,造了一个 ethnoarchaeology,即民族考古学。后来此字在美国生根,变成了一个大家都熟悉的学科,但在讨论民族考古学的起源的时候,没有人提到我的那篇文章。

问: 说到人类学传统,我想起您曾经不断地呼吁考古工作者熟读民族学,也经常告诫我们了解社会人类学的方法,能否请您就商代世系庙号的研究谈一个具体的例子?

答: 这是一个很好的例子。要不是有民族学的材料,我是看不出其中的关键的。关于商代庙号世系的问题,过去有种种说法。在我研究这个问题的时候,我发现商王的庙号有很多规律性的东西,比如,丁和乙、甲在隔世代上的相互交替。我当时在耶鲁大学教书,与一位专门研究亲属制的语言学家郎斯伯利(Lannsbury)同事,我从他那里得到许多启发。怎样解释商王的王位继承问题?中国历史上的王位继承都是从父系的父子相传。我们知道春秋战国时代,齐、宋、晋等国的传承都有变化,但又不很清楚,不能拿来做解释商代的基础。但是在人类学上,有各种进化程度不同、类型不同的等级社会,可以供给我们关于王位继承的法则和蓝图。这些蓝图不是只有父死子继,还有很多花样。我参考这些蓝图,根据中国古代文献的和考古的材料,提出商代的王室分为两个大支,这两支隔世轮流执政,这样就解释了商王庙号的丁和乙、甲隔世代有规律分布的问题。有人说我的解释是用中国的材料去迎合民族学的理论，这是很大的误解。这恰恰是用民族学已知的各种蓝图，试着把中国的零碎的材料拼成原状。所以主要的根据和基础还是我们的史料。我呼吁大家熟读民族学，就是要大家心中有尽可能多的蓝图，知道尽可能多的拼法。商代的王位继承以及上古史的许多问题，都是很复杂的，它要求我们有开放的心胸，客观的态度去处理。当然商代王位继承的各种说法都不能完全解释材料，这个问题还在讨论中。

问：看来，用民族学的材料并非不可，关键是应用的方法不能教条。过去汪宁生先生对仰韶文化研究中利用墓葬材料研究亲属世系的某些做法，有尖锐的批评，发人深省。听说已故的李光周先生通过陶制纺锤研究世系的例子很成功，请您详细谈谈好吗？

答：成功不成功我不知道，但李先生把方法写出来了。他的研究就在台湾垦丁遗址的报告里，你可以参考。他在垦丁遗址发现有很多网坠和纺锤。纺锤的变化很少，网坠的变化很多。附近高山族的研究显示，男人的生业是打鱼，女人的生业是纺布。假如垦丁的纺锤也是女人的专用，网坠是男人的专用，那么，根据纺锤变化少，网坠变化多的现象，他推测男人可能是从各地来的，女人是本地生长的。因此他认为这是一个夫从妻居的社会。这种解释对否，很难说。但他把他研究的根据说得很清楚，步骤也很清楚，不是把教条套在材料上面，说这是摩尔根说的，所以如此。这是和教条主义的根本区别。

问：我国的考古工作者在80年代以来，对中国文明起源问题进行了多方面的讨论，取得了很多成绩。一些关键性问题的解决当然还要依赖将来的考古发现，但是就目前的发现来说，似乎也可讨论更深入一些的问题，而不是仅仅停留在"在哪里"、"什么时间"这类问题上，请您就中国文明起源的问题谈谈看法。

答：中国文明起源的研究，当然不只是对"在哪里"和"什么时间"的这类问题的研究。它所以成为一个问题，有多方面的原因。在本世纪初期，外国学者说中国文明是外来的，中国学者在外国人的侵略下为了给国家争回一点面子，又说中国文明是自己发明的。这都是情绪化的说法。冷静地说，中国文明起源这个说法本身就是问题。什么是中国，什么是文明，什么是起源，在学理上恐怕都需要讨论。比如起源，是文明成熟了，有了一个固有的形式，算是起源，或是它的祖型、前身是起源？文明，是以有文字为文明，或者是以有城市、冶金术为文明？这种列举式的定义，在世界上的许多文明里不能适用。比如南美文明没有文字，中美文明没有青铜，所以要把一个地区的标准当成全世界都适用的标准，那么全世界的考古就不要研究了，举一反三即可，何必费劲。文明的定义是相对的，它只是一个区域的文化变化。要找规律性的东西，先要把各个区域的文化发展顺序搞清楚，然后把它分段，再来看不同的区域之间是否有一个规律性的发展。西方的学者在西方文化扩展的时候，把西方的历史经验拿到世界各地去应用，也拿到中国来应用，从本世纪20年代开始的中国古史分期的讨论，就是要把西方的历史分期应用到中国的历史上。我极力主张中国的古史分期要用中国的材料，要根据中国历史发展的规律，有了这样一个建立在中国材料本身之上的分期，再与其他的文明做比较，中国文明起源的时间和地点的研究才更有意义。我不是说时间和地点的研究不重要，这些都应该研究；但文明的动力的研究也很重要。

问：文明起源不是一朝一夕可以完成的事情，但是我们的研究总是喜欢找一个起源的点或者线。我很信服您的财富的积累和集中的学说，但是具体做起来是否也不那么容易？我们是否还要人为地给文明的诞生划个界限，然后再根据财富积累和集中的情况下判断？

答：这是一个鸡蛋相生的问题。财富的积累和集中达到什么程度是文明？这个问题可以见仁见智，但是我觉得财富的积累和集中是可以量化的，可以在考古遗址里找到积累和集中的实际证据。文明是一个概念，是一个标签，只有先把材料集中起来，才可以贴标签。但人们都有这个毛病，就是一旦贴上标签，往往便会忘了它是标签，忘它并非实际的存在，不知道标签也是可以换的，是可以扩大和缩小的。正确的方法是，根据财富的积累和集中的实际情况，给中国文明贴上标签；然后再根据新的材料，把文明的定义进行修改，或者扩大或者缩小。

问：最近几年，南方的重要发现层出不穷。特别是四川广汉三星堆和江西新干大洋洲的商代时期的墓葬的发现，更有深刻的意义。要是张先生的大著《商文明》再版，料想一定会有新的阐释。大洋洲还出现了一定数量的青铜农具，我很想听听张先生对这些新发现的评价和意见。

答：三星堆和大洋洲等南方的发现很重要，它们把中国上古的历史又作了很大的修改。过去的上古史没有大洋洲和三星堆的地位，因为传统上认为那个地区是蛮夷之地。这两处出土的器物都有比殷墟早的，与殷墟处在同等的发展水平上，说同等当然是主观的判断，不过我们可以想办法建立客观的标准，相信结论也不会差得太远，它们大约还是势均力敌。当然殷墟有文字，大洋洲和三星堆还没有发现文字，不过我们目前不能因此就断定它们没有文字。巴蜀有文字,其祖先的文字将来也应该有发现。江西商代时期的陶器上已经发现不少文字,以后若有更重要的发现,也不足为奇。这两处的发现,把我们对传统历史满足的心情破灭了,意义非常重大。大洋洲的青铜农具,对我对青铜时代的解释,有很大影响。我认为中国青铜时代的产生,和青铜农具、农业技术的演进所导致的生产力的增加,关系较少;在此前提下,才提到政治的力量,政治作为财富积累和集中的工具在上古历史上的作用。因此,新干的铜农具,对我的解释有很不利的影响。但是在长江下游地区,农具的出现一直都比较早,不仅是青铜,石器比如石犁也出现很早。也许这个区域的动力与其他地区不完全一样。这个地区还是巫术性的法器、美术的一个中心,这一点不能忽视。我还想看看新干的青铜农具是不是仪式性的,是不是只是用金属做的一种特殊法器,这要看实物上有无实用的痕迹。对此我将予以密切的关注。

问:考古发现不断地更正着人们对世界历史的看法,中国考古学的发展也不断地修正着人们对中国当然也是对世界历史的理解。张先生一贯主张用中国的材料丰富人类一般进化的法则,依我的理解,人类的历史从一开始就是一个多元的历史,只有实事求是地让中国的材料说话,而非死搬硬套成规,才是真正地为一般的人类法则作贡献。中国近年来的发现比如旧石器时代早期的手斧、河北徐水南庄头以及华南某些洞穴出土的距今万年左右的陶片等,对所谓莫维斯线(Movius Line)以及有关前陶新石器等问题的解决,是否有新的启示?

答:你说得不错,是要让中国的材料说话。莫维斯线和前陶新石器的概念都是根据当时的材料得出的结论,现在的材料把这些看法推翻了,很正常。比如我对中国文明起源的看法,从 1963 年至 1986 年有很大变化，我的《古代中国考古学》从第一版到第四版完全不一样，这不是我的思想变了，而是材料变了，是材料改变了我的思想。现在有人批评我，用我过去的文章作靶子，这是不公平的。莫维斯（Movius）是我的老师，他的亚洲东部无手斧的结论，建立在四五十年代的发现上，当时的材料很少；他要是现在还活着，我相信他也许会根据新的材料得出不同的结论。前陶问题也是这样。有人说全世界的新石器时代都是先有农业再有陶器，这是因为有的地方有农业而无陶器的发现；但是，东亚的很多地方就是先有陶器，后有农业。比如日本的绳纹陶器，已经有一万多年的历史，但农业作为主要的生业，一直到绳纹时代的末期才萌芽。南庄头有陶器，但是否有农业还不清楚，不过陶器在中国出现很早这一点可以肯定。历史上存在很多一般的法则，但最好现在不要下结论，等到材料够了，再下结论比较稳妥。像陶器在什么时代出现、南方早或是北方早的这些问题，每年都有新的材料发现，很多工作正在做，平心静气等几年再下结论岂不更好。

问：现在回头看看，中国的考古学几乎完全改变了几十年前的上古史的面貌，甚至于连由《古史辨》派批评的先秦古籍，也正获得新的生命。在此意义上说，无论怎样地高度评价中国考古学的成就都不为过。张先生已经解答了我的许多疑问，最后能否请您谈谈对中国考古学在今后几十年的展望？

答："前事不忘，后事之师。"从中国考古学过去几十年的变化，我们可以预料 2050 年的中国考古学会和今天有很大不同。至少有以下几点可以相信：一、一定有很多新材料出来；二、新材料里一定有许多现在根本想不到的东西；三、外国人对中国的考古学比较重视；中国学者对世界的考古学也应有更多的了解，会打破闭门不出的习惯；四、今后 50 年要讨论的很多问题，会集中到中国的新材料对世界历史法则的贡献上，并且已有初步的收获。我们现在要做的事情，就是要敞开心胸（keep an open mind），不轻易下结论，还要给假说以足够的弹性。给历史搭架子，不要用钢筋水泥，要用塑胶。这不是投机取巧，没有原则，而是对史料的信任和信心；也是对我们解释能力的客观评价。我们的真理是相对真理，只能向着绝对真理的目标去，现在还不可能达到这个目标。我想假如老师有这个态度，同学有这个态度，一代代的学者都有这个态度，中国考古学的发展就会快一些。根据现在的材料，做一个硬邦邦的钢筋水泥般的结论，就会成为进步的绊脚石。最后，我想对我这一辈的考古学家说，放松一点（relax）；对年轻人要说，你的前途实在光明，学考古有福啦！

问： 谢谢张先生。

与张光直交谈

(加)海基·菲里著 (美)冷 健译

张光直于1931年出生在中国的北京,现任美国哈佛大学哈德逊(J. E. Hudson)考古学讲座教授。大学期间,他在台湾受业于著名的发掘安阳的学者李济,随后,在美国哈佛大学跟莫维斯(H. Movius Jr.)、克罗孔(C. Kluckhohn)、魏利(G. R. Willey)和瓦德(L. Ward)完成研究生的课程,于1960年获得博士学位。他在美国耶鲁大学任教至1977年,后转入哈佛大学,在哈佛大学他兼任皮保得博物馆的馆员。他对中国考古学独特的贡献是:对史前聚落形态、东亚新石器时代及国家的形成,特别是对三代和台湾史前史的研究。他对于现代考古学理论的贡献已深入影响到美国考古学的各个方面。数十年来,他为西方学者提供了中国考古信息的第一手材料,而自毛泽东去世以后,他对中国考古学家同样的重要,他经常在中国的杂志上发表文章,在厦门大学及北京大学任教,并帮助建立了"台湾史研究所"。目前,他正联合主持第二次世界大战以来,在中国腹地的第一次中美联合考古发掘项目,共同努力寻找商文化起源的线索。他不论是在东方,还是在西方,都对当地完全适应。他是美国国家科学院院士、台湾中央研究院副院长,以及许多学术研究组织的成员。他所受的奖励、荣誉及已发表的著作目录可达二十多页。三十四年来,他最为人所欣赏的是,他教书的温暖与智慧激励一代又一代的学生们。这次交谈是 1994 年 4 月在哈佛大学皮保得博物馆他的办公室里进行的。

问:你是在青少年时代离开中国的?

答:我祖父在台湾本是佃农兼小包工,当时台湾已割让给日本。我父亲 1921 年去北京读书,像他那一代的许多人一样。在北京时他结识我母亲,他们婚后共生了四个儿子,我是次子,生于 1931 年。我父亲后任北京大学教授,教日本文学和日语。

问:这样,你在北京长大。

答:是的,我在北京上学,虽是一所洋化的学校,但是赶上了传统中国教育的末端。第二次世界大战结束的时候,我正在读高中。1946 年台湾已经归还中国,我家返回台湾。我本想在北京完成我的学业,但当时得了一场重病,落下许多功课。我最后在台湾读完高中,1950 年在台湾进入大学。

问:在北京长大一定有许多感受。

答:是的,能够在北京这样的城市长大是一个人的幸运。记得我用许多个周末在城内外许多皇家公园里游览。我认为出生在像伦敦、圣彼得堡、维也纳、巴黎和北京这样的城市是一个人的福气。

问:是这些对北京的感受影响你后来成为考古学家?

答:不,至少是无意识的。真正把我的注意力转入考古学大概主要由于一本书。我父亲在他的学生时代为了生活做了许多翻译工作，他翻译为中文的一本书，名为《人类学泛论》，作者是日本东京早稻田大学的学者，名为西村真次（Nishimura Shinji）。日文版发表于昭和四年，即 1929 年。我父亲的中译本于 1931 年在上海出版，正值我出生的那一年。我小的时候和我哥哥一起在父亲的书房里睡觉，我们周围有许多书刊。我哥哥习惯在晚上吃花生，因为是父亲的书房，我们必须小心地不把花生壳丢在书的周围。我读了许多我父亲的藏书，也包括西村先生的这本书。书中有许多图片：灵长类、史前艺术、石器。这本书迷住了我，我认真地、一字一句地读完了它。与我同时的人认为人类学是与离奇的古玩店有关的陌生的、深奥的学科，但通过这本书我学到了很多东西，并深深地被考古学吸引住了。

问：因此，在高中毕业时，你就决定学考古学？

答：是的。台湾大学当时刚刚成立了人类学系，教员有李济以及在安阳发掘过的其他人。他们在中国很有名望，大家都知道他们的名字，我也清楚他们是大学中最拔尖的学者。我当时 19 岁，我觉得我对人类学略知一二，因此决定在人类学系注册。

问：这些学者是从大陆到台湾的吗？

答：是的。我 1946 年去台湾，他们都是 1949 年才来的。他们正处于精力最旺盛的时光，并带来了大部分他们的精美收藏品。李济当时五十岁出头，他死于 1979 年，我当时已经在哈佛大学任教了。这是一支"安阳队"，这支队伍包括所有由李济培训的、从 1928 年到 1937 年主持安阳发掘的、最优秀的考古工作者,其中的一半人到了台湾,其余的一半留在了大陆。

问:你是怎样和李济首次相见的?
答:李济是人类学系的主任,我去注册时他负责。我是第一个注册考古的学生,我仍然记得那一时刻,他从眼镜上边看了看我。然后一言不语地在我的注册卡上签了字。现在,许多学生攻读人类学是因为他们第一志愿的系里没有名额,但我自己选择了考古学。所以,第二个在我的注册卡上签字的文学院院长沈刚伯教授好奇地问道:"你为什么决定学考古?"我吃了一惊,随后自然而然地答道:"因为考古有意思。"他微笑着说:"这个原因就足够了,努力学习,好好干。"这样,我开始学考古。

问:你父母同意你的选择吗?
答:我家里从不找我的麻烦,倒是我家的一位至交气得要死,并问我父亲,你怎能允许这样的事。他说:"你是一个聪明的孩子,为什么选择考古专业?你应该进入商学院或医学院。"学考古不会富有和出名。我父亲在我来哈佛大学学习的那年去世了,我母亲仍然健在。

问:李济是你的导师?
答:李济和几个其他的老师。中国培养学生的传统的方法基本上是学徒制,即使现在也是如此。李济则不同,他很注重启发和引导,我从没有他拥有我的感觉。他在哈佛大学读书的时候受业于胡顿(Hooton)、托泽(Tozzer)和狄克松(Dixon)几位导师,1923年取得博士学位。他把西方的教育方法带回中国。

问：这些是怎样在他的行为中体现出来呢？

答：他不是把自己当作大师,而把学生当成自己的学徒。他强调协作精神,全体教师的精神,在其中你可以尝试从每一位老师的特长中获得最好的教育。李济相信每个学生应该发展他(她)自己的风格,并成为自己的主人。他从未有意识地这样讲过,但是,回顾过去,我现在认识到,他从未把我看成是他的所有者。我是他的学生,但是当我向他的同事学习的时候,他是十分高兴的。榜样的力量是无穷的,李济做学问是十分小心的。他从不说或写任何没有经过详尽证明了的东西,至少在他自己的心里以为如此。所以,当你交给李济一篇我力图达到最高标准的论文时。假如他从他的眼镜上看着你,并说:"论文还可以,是不是这个问题可以阐述得更充实一些?"这时,你真的希望有个地方藏起来。

问：是他帮助你发展了你独特的批评的思想的吗?

答：哦,我想我已经圆滑了许多。我想我在阐述自己的观点的时候是强烈的,但是我已经变得非常宽容人的缺点了,因为我也有缺点。也许我不该这样,李济从不这样。

问：这个世纪哈佛大学和中国考古学之间有着不寻常的关系。一想到胡顿曾教了李济,在今天不是没有它的反讽性。我是说他的名著《从猿到人》,在他的人类进化的谱系中显示出"白种人"自始至终处于中心和先进的地位,而"猿人属"则放在一个不相干的地方。像李济这样有才智而年轻的中国学生怎样对待这种当时占主导地位的欧洲中心论的傲慢?

答：我不认为人们意识到了这种傲慢。李济来美国做学生的时候，美国人印象中的中国人仍然是修铁路、洗衣服和做厨师的苦力，但当时已经有许多伟大的中国学者了。至少我所知道在哈佛大学，中国学生和其他学生是同等待遇的。我不认识胡顿，但我知道卡莱顿·孔恩（Carleton Coon），他被一些人认为是种族主义者，但我见到他和所有种族的人来往，在我看来他从未表现出种族主义者的样子。所以，我认为说这些好人是种族主义者，特别是事后评论，是不公平的。

问：他们也没有化石证据和测定年代的技术，可以使辩论像现在那样充满生气。

答：是的，从某个角度看，我们几乎是兜了一个圈子。今天，非洲独源或夏娃（Eve）的理论显然是有问题，爪哇人类化石年代的重订和金牛山人头骨的发现迫使我们重新认识人类的起源，绝没有什么独源论。

问：李济帮助你上了哈佛大学吗？

答：是的。1954年，他曾经短期在墨西哥教书，当时我在台湾的军队服役。事实上，我也记不清是谁先提出来的，我只记得结果是我们的想法一致，他让我申请，我就申请了。

问：那时你的英语如何？
答：就像那时的水平。

问：你写的书从开始即不错，绝对流畅。
答：我写的所有的东西都经过长期修改。刚来哈佛大学的时候，最多就是能让人听懂我的话。李济已经向哈佛燕京学社提起过我的名字，哈佛燕京学社是为中国和西方的文化交流而建立的。我当时得到1200美元的奖学金，那时哈佛大学一年的学费是450美元。但是，使我惊奇的是，他们让我上美术系，我给研究院的院长写了一封信，告诉他我感到非常荣幸被录取，但我想学的专业不是美术而是人类学。我的做法使李济很不高兴，他说："这可毁了你的机会。"但我并不后悔。而哈佛回信同意了我的意见，我于1955年9月开始了在这儿的学习。

问：你主要跟谁学习？
答：几个人，主要是莫维斯。

问：你如何看待他在远东问题上的著名见解："整个远东是一个文化迟滞的边缘区，因为原始的人类化石在其它的地区灭绝了很长时间之后仍在远东发现，整个远东绝不可能是早期人类文化发展的中心地带。"
答：这正是为什么我不把学术问题和个人的看法混为一谈，如果莫维斯今天还活着，他一定会感到意外。当时，他只涉及旧石器时代，他肯定不是一个种族主义者。

问：那一代学者们依据机械的臆说解释文化和生物进化，与我们今日相反。这正是为什么想听一听你跟莫维斯学习的情况，一定十分有趣。
答：跟他学习不容易，这不是因为我是中国人，而是因为他对于无能没有什么耐心。你必须是非常出色而且一丝不苟。他有很高的标准，教导我们不要走捷径，强调只有经过努力地学习，才能真正地学到东西。他从不以承认错误为耻，有一次，我在雷则兹（Les·Eyzies）、多多珂（Dordogne）的阿布里·帕托（Abripataud）遗址跟他发掘，我们为一个小地层而争论。莫维斯当时很生气，但是，我不肯让步，因为这个灰坑是我自己挖的，我知道地层。那天晚上，我们在不愉快的关系中分手了。第二天早晨，他主动找我并真诚地向我道歉。他告诉我，萨克埃特（Jim Sackett）把他拉到一边，说服他我是正确的。

问：这是很不寻常的。

答：我得到学位后的第一年，在哈佛大学做专任讲师。李济要求我回到台湾去，但是我没有回去。莫维斯先生不但有足够的风度承认错误，而且他是一个直截了当，很有风度的人，我只认识几个人像他这样。我发现人类学很仁慈、丰富。在美国耶鲁和哈佛大学的人类学系三十九年中，从未见过任何人因种族和性别而被冷淡。我不想笼统而论，但我认为这是因为人类学者和多种文化打交道，他们对于不同的生活方式及见解有应有的尊重。

问：你后来是如何开始跟克罗孔学习的？

答：当我提交博士论文的时候，他是人类学系的主任。我的博士论文委员会有莫维斯、魏利和瓦德。瓦德是专门从事近东陶器研究的私人专家，并任皮保得博物馆的馆员。他不但收藏了近东陶器、陶片的珍品，而且研究中国陶器，他提出的中国最早的陶器是饰有绳纹的陶器的观点是很有预见的。我后来又对此做了进一步研究，他是正确的。1960年，瓦德突然去世了，克罗孔代替他成为我博士论文委员会的成员。他开了一门人类学一般理论的课，对于我这一代的许多考古学者都有很大的影响。他是第一个对旧考古学派表示不满的人，抨击当时占统治地位的玛雅考古学派，特别是批评了基德（Alfred Kidder）根本不考虑人类行为的研究方式。我认为他的批评非常尖锐，也许太激烈了，但有时考古学者需要一些激烈的批评来震醒。真正的冲击来自泰勒发表的论文，他发展了基德的批评，认为我们不能继续简单地把考古学作为年代学，我们必须注意到人类的行为及其环境，而所有这些因素使人类学成为一门人文科学。这些观点在当时一代考古学者中产生了极大的影响，我自己也包括在内。克拉克霍恩的课是为指导考古如何从姐妹学科中受益而特别设计的。

问：这似乎是回到人文科学的研究方法。

答：是的，但主要是人类学的，考古学以外的研究方法，虽然当时没有用这个名称，实际上是集中于民族科学（ethinoscience）。

问：你的博士论文是什么题目？

答：我是从图书馆里写出来的论文：中国史前聚落形态。

问：那时只有很少的考古资料，要完成聚落形态的论文需要很大的勇气。

答：用勇气这个词还不够恰当，可称为大胆轻率，不明实情。他们允许我用图书馆的资料写论文是因为中国那时不准许外国人参加田野工作，同时他们认为有在法国和台湾的发掘，我已经有了足够的经验。

问：在当时，你的博士论文对研究聚落形态有什么贡献？

答：我尝试把美国的方法论引入中国史前史的研究，是指魏利和菲利普斯的传统方法论，非常概念化的聚落形态，"传统"的和"水平"的概念。

问：这些方法是否对可以得到的资料得出不同的解释？
答：真正地说，与那时中国考古学者对中国史前的解释并没有很大的区别。但现在我们认识到我和他们对史前史的解释都是错误的。我的论文探讨一个公认的见解，中国新石器时代起源于一个核心区域，当时能供我研究的资料都是倾向于这个观点的。在我完成博士论文之前，1959 年我发表了一篇类似的文章。很巧合，在中国几乎同时，分别发表了两篇具有同样结论的文章。自此，这个观点成为中国新石器时代起源的一个教条学说，因为此后不久，文化大革命横扫中国，考古学进入一个停滞状态，这一学说持续了将近二十年。70 年代，这个学说因为两个原因支持不住了：第一，一系列的碳 14 数据公布了，这些数据表明一些边缘地区的文化事实上比中原的文化早。第二，中国的地方权力下放政策，包括考古工作不再受中央的制约，各个地方都发现了一些新石器时代的材料。由于这些材料显示出文化的高度发展，没有人可以坚持一切文化都是从中原文化衍生的理论。自然，我也和中国考古学者一样，从中心论转移到承认地域性文化的发展。你瞧，事实如何指导理论。

问：文化大革命给中国考古学带来多大损失？
答：造成一个完全停滞的状态，因为当时所有旧的东西都是靶子，有许多公开砸毁的现象，大部分博物馆内收藏的文物多免于灾难。对于我们最关心的史前的材料，当时不太受到注意，而如果仍未出土，也就幸运地保存下来。不过，小量的考古活动仍在继续。例如，汉代的金缕玉衣就是在那个时期发掘出来的，理智还没有完全丧失。

问：你是如何开始教书的？

答：我得到学位后的第一年开始在哈佛做专任讲师。李济让我回台湾，我没回去。在中国，青年学者只有很小的活动和思想的自由，辈分非常严格。那时，我有一点野，认为在中国不如在美国那样可以尽情地自由思想和从事研究。现在回想起来，这些顾虑似乎是过分了一点儿。随后，耶鲁大学相中了我。

问：凭什么是耶鲁呢？

答：我想这可能要谢谢我的朋友迈克尔·柯（Michael Coe）。1952年他访问台湾的时候，我还是一名大学生。他是哈佛的研究生，他去见李济，自我介绍是李济的校友。李济请他作了一个关于玛雅考古的报告。柯是我见过的第一个美国考古工作者，也是我第一次听到玛雅人。我仍记得他报告的题目是：《玛雅考古的新趋势》。和他在一起很有趣，我们很合得来。他只比我大两岁。我首次抵达波士顿开始在哈佛读书的时候，他和他的妻子索菲（Sophie），还有一些中国学生在飞机场迎接我。那时候，从飞机下来，沿着柏油路面走到出口处，他们都站在栅栏的外边向我招手。第二天他领我到人类学系主任那里去报到。我想，他后来一定向耶鲁大学推荐了我，他在哈佛毕业之后即在耶鲁教书，他真像是我的大哥哥。

问：这样你开始在耶鲁教书。

答：我成为奥斯古德（Cornelius Osgood）的助理馆员。他是一位十分出色的人，他以前的助理和他合不来而离去了，柯把我引见给他，那时他已写了很多有关加拿大印第安人的书，而且对中国感兴趣。因此，我在耶鲁待了 16 年。

问：你就这样在美国定居了？

答：是的，我是 1957 年结婚的，那时我还在研究生院。我妻子是我在台湾的大学同学，她是学中国历史的，1956 年来美国，也在哥伦比亚工作。我们有了第一个孩子的时候，她放弃了她的事业。孩子长大以后，她开始教汉语，也教过一些我的学生。

问：你为什么离开耶鲁大学？

答：耶鲁是我建立事业的地方，我在那里教书和写作，我在耶鲁十分愉快。当哈佛要我回去的时候，最初我犹豫，但我对哈佛太熟悉了，当我做学生跟莫维斯学习的时候也是在这些楼里，走同样的回廊。并且，我熟悉哈佛的图书馆，它是全美国最好的，我不怀疑这一点。

问：研究玛雅人或美国印第安人的学者常常对中国产生兴趣，很奇怪，你的情况正好相反。这似乎成为规律，一个人对这两个区域中的一个感兴趣，另一个区域也会进入他（她）的视野。

答：是这样的。原则上我正是鼓励我的学生至少研究一个在他们专攻区域之外的区域，要深入研究。我自己早年也是这样做的，我在法国发掘，而我最早的论文之一是关于新大陆的新石器时代的社会群体。我认为你至少深入了解两个相异的区域，通过学习它们而更好地了解你自己的区域。

问：福斯特（Furst）对萨满文化的研究似乎推进了你对美国研究的兴趣。

答：是的，我第一次读到福斯特的书，完全惊呆了。在那些大量的资料细节中，古代及现代玛雅人的萨满文明不用多加更改就可以适用于古代中国人的符号和形式。

问：这个发现随之引导你重新考虑古代中国的国家起源问题，与其说像中东地区那样基于控制生产资料，不如说基于政治上的等级制度各阶层之间的交流。你认为中国文明的出现与伦福儒（Renfrew）描绘的，随着生产技术和战略资源的贸易而形成的，适合于中东及欧洲国家起源的模式是不同的，它不适用于中国。

答：是的。古代的中东是在全部人类或大部分人类共同的旧石器时代的基础上破地而出的，从这个意义上讲，中东是独特的，深入研究萨满教让我认识到这一点。

问：你对萨满教的关注显示了你对考古学的认识："考古学就整体而言是推析。"你在《重新考虑考古学》一书中写道：一个人不能"假定文化和历史模式"，为了"应用这些模式于事实"。最近你呼唤"人类不能仅在单一的行为中被检验"，（然后你引用克罗孔的话）"而是要在所有的多变的行为中被检验"。

答：我认为考古学者可以，也应该采用多种研究方法，因为考古学包含多种学科。但一名考古学者要深入研究一个特定的文明，特定的文化，试图透彻地了解。例如我专攻中国，同样可以选择波利尼西亚或印度去作研究。我不相信你如不直接地或间接地了解世界的各个角落，而能了解全世界的一般原则。

问：你的认识可预见宇宙规律的方法与新考古学的趋势不同。在论述有关考古学和民族学的关系一文中你也谈到了这个观点，宾弗（Binford）批评了这篇文章，并明确提出了与此不同的观点。宾弗写道："如果我们尝试在张提出的框架内去寻求答案，我们将被迫去解释文化区别……已灭绝人群的不同信念。张的见解的价值在于用心理学解释过去。"这种见解，无论是过去还是现在，都不被宾弗和新考古学欢迎，因为"张的见解是极端文化相对论在考古学上的解释，它的必然结果是否认考古学成为客观的、比较科学的可能性。"你今天对坚持寻求普遍规律的主张如何看？

答：我不反对寻求普遍规律，我认为最终可能达到这个目标，但是现在还没有。我们必须细微、深入地研究各种文化，用各种文化自己的术语去研究它的各个方面。

问：哈佛大学的戈尔德（Gould）喜欢引用米斯·范·多·罗（Mies Van der Rohe）的话，他说，"上帝在细节之中"，你似乎同意这个观点。

答：的确是这样，我们必须了解细节。我们仅仅对世界考古做了一些表面的研究工作，没有对任何地区做过完整、细微的研究工作。自然，细节和普遍之间有直接的相互影响，在我们做细节工作时，会得出能指导我们下一步细节工作的初步假设。我实际上认为新考古学十分有用，它绝对把我们推进一大步。且不论它的不足之处，它已为考古学做了许多的好事，最突出的是坚持对假设进行检验及生态学,这给考古学引进了不少新的方法和技术。我不明白为什么不检验一些理论概念,阐述一些普遍性的假设,对此进行检验。我们距离掌握人类文明的规律还相差很远,大概到3000年,也许有些认识。令我不能接受的是新考古学派的偏激。

问:怎样形容这种偏激?

答:他们不接受不同的观点及方法。我认为文化历史和文化过程是一个硬币的两面,谁也离不开谁。

问:这种偏激有时会达到极端,对周口店考古的批评即是一例。

答:我不明白,怎么会一个人到这个遗址去了几天就能摒弃几代人的研究成果。

问:你如何对待尖刻的批评?

答:我认真对待这些批评,但我一般采取沉默的态度,如果你回答或为自己辩护,只会给他们反击的机会,如果保持沉默,正确的事实终究会显现出来,荒谬的言行会自息自灭。

问:在中国,对考古的关注有很长的历史,你发表了一个从古代传统的古器物收藏家发展而来的简纲。最近,我发现文斯腊格(Vinsrygg)的一篇关于宋代考古学的优秀论文。这篇文章讨论了沈括(A. D. 1031—1095)的研究及著作,《梦溪笔谈》是世界上第一本比较有系统地描述考古的书。

答:是的,夏鼐介绍过这本古书,他是北京考古研究所所长。但在沈括之前,中国已经有了系统的考古活动。实际上,这本书是记录当时已经了解和正在发展的那些东西。是什么使你对这本书感兴趣？

问：我因中国传统哲学所关注的事物的连贯性而感触。沈括强调的要点是，古物的收藏、分类和解释的社会作用，其目的是指导我们的将来。当然，孔孟在1500年前已重温这个观点。你也写过类似的话："考古者的责任是尽最大的可能客观地介绍古人所选择的社会组织的形式和结果，我们在决定将来时可以参照过去的教训。"你在1990年再次发表相近的观点，但尤其注重与目前环境危机的关系。你认为这种历史的连贯性重要吗？

答：不幸的是，传统的中国考古学已经实际上不存在了。今天，没有一个中国学生是接受真正的传统学术的训练的。传统教育的重要性在于你必须知道与研究对象同时代的文献及历史。北宋是最适合考古学思想发展的王朝，所有伟大的青铜器图录都是在宋代完成的，但传统的古器物学已经不在学校里教授了。你必须上大学的考古系才能学到一些有关知识。我虽然赶上传统教育的一个尾巴，但在我之后的几代人这种连贯性被中断了，这实际上是与企图一概毁灭许多社会传统文化同时进行的。文化大革命的主要结果是悲惨的毁灭，那是一个很长的故事了。

问：你认为古能为今用吗？
答：是的，我们考古者确实观察文化和王朝的兴衰，而且我们可以估价文化大革命对材料档案的损失。

问：你认为中国——马克思主义分期体系：原始社会、奴隶社会、封建社会和资本主义社会的社会发展阶段的应用歪曲了许多考古事实吗？

答：我过去是马克思主义分期的信徒，这是因为郭沫若在他的商代青铜器的伟大著作中应用了马克思的体系。

问：1975年，你提出一个非常有意思的观点，强调马克思主义分期体系的人性论，及古为今用的传统看法。你写道：古代世界的伟大文明把人类分为两部分，一部分人提供动力，另一部分人雇用动力去制造"伟大文明"里程碑。孟子曰："劳心者治人，劳力者治于人。"……也许还有一些其它文明，从考古学上来看，平凡、贫困称不上是伟大，但是或许只有较少的人挨饿，我们大概应该重新考虑一下我们所谓的"伟大"是什么意思。

答：这一点我今天仍认为是正确的。在早期中国，仰韶、龙山和三代，至铁器时代的开始，生产力没什么变化，就是技术没明显变化。商代青铜技术有很大的发展，却从未应用于农业，商代没有应用青铜技术去改进耕作方法。这是个我多年搞不懂的问题，但现在我认为我有了答案，这就是技术被用于我所说的"国之大事"，即祀和戎，就是祭祀和战争。在我看来，这是了解中国文化发展的关键。

问：是什么特别的帮助让你得到这个认识？是福斯特对萨满文化的研究，是你对青铜器动物主题纹饰的研究，还是你想找出这些器物的用途的决定？

答：不是一件事情可以决定的——无意中所有这些因素一起浮现出来——但当我认识到动物图案象征着萨满的同伴及助手的时候，我想我已掌握了关键所在，但这只是人类学的常识。

问：弗兰克林（Franklin）和柯莱登斯特（Kleindienst）有关文化变化动力的图解——三角形的三点相当于技能、原材料和人的价值，如同中国古典概念中的天、地、人形成的三角，其中一点的改变，影响其它两点。你的思维方法一样，同时考虑技术、原材料和萨满的宇宙观，组成了一个动力系统。

答：对的。萨满的宇宙观告诉我古代社会最关注的是什么，和为什么用多种特殊的方法消耗最昂贵的资源和人力，它为了政治和祭祀而积累财富，不是通过技术或贸易。

问：商代是强大而安定的。

答：我们可以看到那时有许多小国为政治霸权而斗争。他们不是通过改进技术或扩大贸易发展资本，而是用一种不同的方法增长他们的财富，这种财富是用象征政治权力和萨满崇拜交流的艺术珍宝来说明。而这是用牺牲包括人在内的几乎所有的东西来实现的。那真是一个非常残酷的制度。

问：在你的文章中你常谈到在商代有一个剥削制度在起作用，那么，无论如何，萨满宇宙观的统治比其它古代制度并不占优势。

答：对的，这正是为什么我认为对人类的残酷可能会减轻对自然界的破坏。对比之下，中东古代社会环绕着贸易、维持贸易路线、灌溉网等，剥削的焦点似乎较多集中于自然界，而较少于人类。

问："商"这个字是什么意思？我知道你最近在集中研究

这个问题。

答："商"这个象形文字实际上是个表意文字，我对它是这样解释的：上部代表一个祖先的像的正面，我们有充分的考古学证据，平顶冠是与贵族和高阶层联系在一起的，龙与凤通常也戴平顶冠。"商"字的中间部分代表一个祭坛，我们有考古学的和其它的根据做这样的解释，并且相信商代的祭祀中心固定在一个地方，即使由于政治或战略的原因而常常迁都。底部的符号是一个口在吟诵咒文，与祖先交流。因此，这个字描述祭祀祖先，可以引申为祭祀中心及其城镇，最后成为祭祀中心权力群的象征。

问：你对国家形成的人类学模式的普遍性曾有争议，似乎在学术界引起轰动。你对这个问题的第一篇主要文章得到热烈的讨论。你好像在无意之中引起东方和西方对立的意思，你是怎么想的？

答：我不认为这个问题像是一个东西方问题。它们是不同的，还是相同的，要渐次地一条一条地讨论。我只是简单地注意到一些问题，例如农业的开始，复杂社会的发展，国家的起源和冶金术的使用。在很长一段时间内，主要因为文化大革命，这些问题很少有来自中国的报道。所以我们采用柴尔德（Child）提供的标准答案。70年代材料开始作出不同的结论。从1966年到1972年，没有任何考古学报告公布于世，因此，我们没有理由对标准的解说提出问题。我自己借用了布莱特伍德在中东提出的农业起源的核心区域的理论，把它运用于中国，也在中国寻找"丘陵的侧面"。我认为我在中原发现了农业起源的中心，但这恰恰是考古工作做得最多的地区。当70年代中国重新开始出版学术刊物的时候。考古是第一个被恢复的学科。这些刊物发表了在50年代和60年代初已经积累的许多资料，这些资料改变了我们以往的全部了解，使之越来越少地符合柴尔德的理论。我要在这里说明的是，柴尔德是我心目中的英雄，我的考古学家的典范。当我做学生的时候，我几乎是崇拜他。他写过许多非常通俗的书，总是激起我的想象力。他写得十分好，而且他也有定期修订他的书的习惯，也许这正是我为什么也不断地修订我的书的原因。我坚持买他的《欧洲文明的曙光》的修订本。他去世的时候，我一度曾以为，我不需要再买有关欧洲史前的书了。当然，我是错了，现在我还在买其他人的关于欧洲的书，包括他们的修订本在内。考古学资料不断地在改变，因此，当中国出现的资料难以简单地纳入柴尔德的模式时，我开始注意到了亚洲社会和亚洲的生产方式。逐渐地，我发现我过去使用的模式并不适用于古代中国，中国没有大规模的灌溉工程、长途贸易，或者畜力牵引的使用和技术。

问：不过中国有铜器。

答：是的，她确有铜器作为取代。在70年代晚期和80年代，我认为我发现了解释青铜器内涵的关键，这关键就是中国文化中旧石器时代的萨满教的残余。回顾中东的美索不达米亚（Mesopotamia），在那里政治虽然十分重要，但是贸易和技术的进步起的作用更大。美索不达米亚的寺庙在经济上的作用及国王与经济的关系和中国有根本的区别。就规范化的意义而言，早期中国的复杂社会是奠基于亲属关系纽带之上的，而在中东，大多数学者似乎基本上同意其亲属关系的重要性在逐渐减少。中国的亲属关系纽带为政治上的等级制度阶层提供了合法的依据，在我看来中国文明发展的过程也就是政治上扩张和殖民开拓的过程，类似马歇尔·萨林斯（Marshall Sahlins）描述的波利尼西亚社会。不论我观察近东的哪一部分，包括苏美尔（Sumer）、亚述（Assyria）、巴比伦（Babylonia）和伊朗（Iran），其情况均与中国形成鲜明的对比。我从未设想结果会是如此，因而感到惊异。随后，我开始研究新大陆，发现这里的发展十分接近中国的情况，这使我更为惊异。总而言之，每个地区都有自己不同的特征，我们以往采用的模式并非是放之四海而皆准的。

问：具体地讲，你认为中国和美索不达米亚之间的相异之处在哪里？

答：近东的人们，例如苏美尔人，是生存在一个不太适于人类生存的环境之中，他们心灵手巧，勇于发明，在缺乏大多数战略资源的环境中，他们不得不从外地搜集资源，征服自然。因此，他们的一切必需品基本上都是从贸易交换而来。中国的情况则与此迥然不同，所以一开始就缺乏比较的基点。一切从中东得出的结论均不能用于中国。我要小心一点，不可太一概而论，例如谈中国时只看到连续性，谈中东时只看到断裂性，我不想那样做。我和其他人一样，也是在不完整的信息的基础上进行归纳的，但是，有时候为了使人理解一个新观点，一定的强调性还是有必要的。我仅仅是将这两个文明的开始做了一点比较，我希望今后的历史学家们将继续遵循这一思想来提出问题。在研究中，我们必须重视细节。鲍勃·亚当斯（Bob Adams）对美索不达米亚和中美的研究，强调它们的相似性，他的论证是有说服力的。但是我所讲的不同之处是在于细节，而这些细节却往往是决定性的，因为它们构成了一种机制，而社会进化的结果，就是从这一机制中观察到的。

问：你认为中国和新大陆在文化进化方面是有意义重大的联系的吗？

答：是的，但是我们必须先解决细节，才能明白过程。相似的过程可能从完全不同的机制中产生，而只有细节可以告诉我们那些机制的特点。但是，我目前的观点是中国和玛雅的体系向我们提供了旧石器时代晚期，也可能更早的时期内各地史前人类文化的基础，而近东系统则代表了我称之为"突破"的一种状态，导致其进入了一个全新的文明阶段。从这个意义上讲，西方文明是独特的现象。

问：菲斯特（Furst）在他的萨满教研究中指出这个旧石器时代的基础及它在美洲的长期持续。

答：是的，这又点出了另外一个问题，即我们过去低估了我们旧石器时代晚期的祖先们的能力。我们仍然设想第一个跨过白令海峡的人披着粗糙的兽皮，携带少数石器，最多包括了矛头或箭头。但是，他们了解的东西一定超过这些，我可以肯定他们已具有艺术知识——

问：并且具有直接而成熟的有关植物和动物的知识。

答：当然是这样。我们还必须假定他们在天文学方面有一定的知识，高度发展的宇宙论，将方位和颜色结合的知识等。我们必须假定这些东西，在目前，尽管我们只有在法国和西班牙的洞穴艺术中保存的这一点证据，但仍然应该作出这样的假设。费弗（John Pfeiffer）：写了一本很好的书，名为《创造的爆炸》(*The Creative Explosion*, 1982)，这是一个十分恰当的题目。我将旧石器时代晚期看成是一个真正的知识和悟性爆炸的阶段，是智慧的开始。我有时想如果可能建立一个时间的机器，使我们回到那个年代，面对那时人类文化的丰富多彩，我们将无言以对。附带讲一句，最近也有人在研究近东早期历史中的萨满教和它的宇宙论，这是很引人注意的。不久前卡尔（Carl Lamberg-Karlovsky）就曾经向我介绍了一本有关美索不达米亚的、明确地讨论这个专题的书。

问：你的许多同辈人难以接受你最近对欧洲中心论模式的合法性的质疑，这是为什么？

答：我真的不知道，也许我没解释得很清楚，也许我的主张与当前流行的思想有对抗性。我们社会科学家一生所受的教育是相信归纳的结果是普遍的规律。要想承认现有的归纳都是基于西方历史的经验而产生的，这是一件非常困难的事。我并没有蓄意去寻找我们刚刚讨论的那些区别，而是事实本身强制性地引起我的注意力。

问：虽然如此，你幸运地从科学史研究者方面得到了很多支持，例如李约瑟（Joseph Needham）和他的合作者，他们已经注意到了类似的问题，并且正在各个领域内探索大量的细节。

答：李约瑟是我非常佩服的一个人。他已经完全掌握了西方科学史，并把这些应用于对中国的研究。我自己则仅仅研究了中国历史的开始。我对于东西方相异之点的探索，也只集中在一重要关键时刻上，这就是进入到复杂社会的那一个历史阶段。

问：李约瑟的灵感来自"有意识地纠正过去向西方这一侧倾斜太多的平衡"。在某种意义上，他的主要问题是为什么中国没有走和西方一样的发展技术和科学的道路。反之，你所关心的似乎主要是去辨认隐藏在其后面的不同的根本的宇宙观。

答：是的。李约瑟想知道为什么中国没有发展西方类型的技术，但我甚至没有考虑过这个问题。我的注意力集中在史前时期历史发展不同轨迹的细节。

问：多少年来，你有时成为西方和中国考古学界之间的惟一联系。你能告诉我们一些关于1975年你作为美国古人类学代表团成员访问中国的事情吗〔霍威耳斯（Howells）和琼斯·苏秦塔尼（Jones-Tsuchitani）〕？

答：1975年我们首次去中国的时候，我们仍完全不知道文化大革命的性质。我们获得一些官方的宣传，几乎都相信了。

问：为什么你认为你几乎相信了？

答：因为我们没有其它渠道可以获得信息，宣传的也很有技巧。

问：话虽如此，你在1949年之前是在北京长大的，一定会注意到一些重要的变化。

答：是的，但是我们代表团被管理得非常谨慎，我们真正想会见的考古学者通常是见不到的，或忙于割麦。我们也不可能提出自己真正想了解的问题。但是我于1977年单独去中国，则是一个完全不同的体会。你知道，毛泽东是1976年去世的，同年，中国发生了那场可怕的地震。但是最戏剧性的变化出现于1980年，一切都宽松下来，我们互相之间可以自由地谈话。

当你读他们的文章，你发现通常是在序言和结论的一小部分中通过引用马克思和恩格斯的语录而表示对马克思主义的尊敬。文章的其余部分则是真正的考古、真实的资料，与他们对话的情况也是一样的。

问：他们公开和你讨论理论问题吗？

答：解放以前，理论问题不是十分重要，甚至李济也对理论不感兴趣，理论从来不是真正明晰的。中国自1949年开始在方法和理论问题上是停滞的，这是令人惋惜的事。他们从未怀疑有关母权社会阶段或恩格斯系统的其它部分的真实性。不过由于中国的考古学家缺乏美国人发展新考古学的经验，他们也就没有机会体验当理论问题导致方法的多样性时，大大丰富的有关的资料即会由此而产生。在中国，简单地讲，不允许任何不同的理论问题占据人们的注意力。在这种严格控制的思想意识下，发展新技术就几乎成为不可能的事，应用碳14测年也许是惟一的例外。现在，新一代的考古学家们正在着实地寻找答案，他们提出了自己的问题。同时，我们必须记住，重要的是尝试着去明白他们是怎么想的，我们不能简单地走进去即告诉他们，"你们应该这样做才对"！

问：当中国大陆使考古学与西方的发展脱节时，你在60和70年代则将美国的考古方法介绍到台湾。

答：我有两个主要感兴趣的方面，中国的青铜时代和台湾沿海地区考古。事实上，所有我的田野工作经验都是在台湾，关于考古学研究，台湾有点处于有利的位置。当日本占领台湾的时候。台湾是日本进入东南亚的据点，因此，他们建立了很好的研究设施。日本占领时期，在台北帝国大学有一所"南方土俗研究室"。主任是一名日本学者，名叫移川子之藏，他于1921年毕业于哈佛大学。当台湾归还中国以后，移川回日本去了，但是他留下一批十分有能力并经过高度训练的人员。所以当李济和他的同事在1949年来到台湾的时候，他们发现台湾有优秀的设施和一个很好的实验室。李济也带来了安阳出土的珍贵文物。

问：他怎么能把这些文物从安阳运到台湾呢？

答：在战争期间运输国家珍贵艺术品的本身即是一个故事。据我所知，这件事情从未公开报道过。除了安阳的文物之外，当日本入侵时，1937年开始，工作人员也把全中国在北京故宫博物院的收藏品运出来了。蒋介石实际上把所有国家艺术珍品打包，运到重庆，包括异常薄的康熙瓷器在内，几乎没有破碎的。

问：他究竟为什么要这样做？

答：为什么？好，这是个我喜爱的话题。我相信他之所以这样做是因为古代艺术珍品使政权具有合法性。记得带有动物纹饰的九鼎，传说是夏代大禹所铸造的。它们显示了皇帝权力的开始。根据传说，当夏代"失德"，鼎被让与商，当商"失德"，被周推翻，鼎又被周所占有。我认为中国王朝从一开始即通过祖先的艺术珍品使其合法化。制造这些铜器最初的目的自然是使统治者和祖先相通，但是，它们后来成为统治者权力和合法性的象征。每个王朝都必须拥有它的艺术珍品，当然，最理想的是包括最古老的铜器作为核心藏品。那些改朝换代的人的第一件事是确实地拿到艺术珍品、祭品、旗帜和王室宝器。

问：这里和近东有一个有趣的对照。敌对的城邦的侵略军应该搬走神像，马杜克（Marduk）或艾希特（Ishtar），作为全胜的象征。战败的城市必须组织出征，把它的神像夺回来。但是，在那里，王朝的象征投影于某个人类形态的神，而你所描述的则是通过掌握祭品而确立王朝的合法性。

答：是的，这正是我的理论。你可以丢下你的武器和枪，但不能放弃你的古代艺术珍品。尽管困难重重，蒋介石总是让这些文物随他而迁徙。收藏的宋、清瓷器是最贵重的，有些十分薄而脆。我不得不佩服蒋介石，他不惜工本和麻烦把这些艺术珍品的车厢从北京运到西安，然后重庆、南京，最后到台湾。毛泽东不得不在北京建立自己的博物馆，但最好的瓷器、画和青铜器在台湾。不过中国大陆以后发现的青铜器比蒋介石带走的那些壮观得多，珍贵的玉器也是后来发现的。因此，1949年李济和安阳队在台湾建立了自己的一套系统。在李济接管那里的人类学系以后，研究的重点是中国，特别是中原和黄河流域、安阳地区。

问：你在李济的讣告中写道，安阳研究的重要性在于"商代是把中国大量有文字记载的历史和逐渐增多的史前资料联系起来的一个关键"。你对史前史的研究是怎样开始的？

答：系里（指台湾大学人类学系。——译者）的每个人都做商周考古的研究，几乎没有人对台湾考古感兴趣。每个人，甚至李济，感到在中原发现的一切都是重要的，不期待在边缘地区有重大发现。我不是批评他们这种态度，毕竟他们在中原有过壮观的发现。我起初也赞同这种成见，认为所有重大发现都来自黄河流域。当中国大陆处于繁荣的青铜器时代时，台湾仍处于新石器时代，这也是事实。不过与此同时，我们也知道各个区域和各种发展过程都有自己的重要性。是野外工作，真正的考古实践，使我开始钻研这个问题。黄河在大陆，我在台湾，我不可能在黄河流域工作，而我发现做考古是人生最大的享受之一。当你用手铲刮地皮的时候，你不知道你将发现什么，然后当你看着那些在地下埋葬了几千年之久的东西第一次被发掘出来，这真是最令人目迷心醉的时刻。这东西也许只是一片陶片，或者是其它可以给你一个探讨整个古代人类时代的线索的物品，你可以用它去研究他们的宗教概念、他们的社会。你从不知道你将发现什么。

问：我知道你向台湾引进了新的方法论。

答：我领悟到从台湾的考古调查工作中会得到很大的收获，而完成这项工作所需要的是多学科的综合利用。从传统上，考古学者发掘出文化遗物、动物和植物的遗存，然后把所有这些送给专家们去"鉴定"。总之70年代，当我在耶鲁大学时，我开始了对台湾的考古研究，并且按照布兰德伍德（Braidwood）把专家们引进考古领域的方法去进行。这个方法允许我们从更大的范围上了解当时人类生存的环境。

问：结果如何？

答：我们建立了台湾的第一个地层年代序列，使我们今天能够把台湾和东亚文化开端的问题联系在一起。台湾的地层、人种、沿海早期新石器时代文化和语言的研究使我们了解到这样一个问题，即古代沿海文化和人类扩展到波利尼西亚、马达加斯加和夏威夷这一问题之间的关系。我选择了台湾的两条河的河谷作试点，我的队伍中的大部分学者是当地人，因为我希望对台湾的研究可以通过他们而继续下去。在四年之中，我有六支队伍同时工作。我们经常地会集,交流信息。后来由于申请经费失败,我们认为是失望的失败,但是,我们已经在这个计划中培养了几十名年轻的学生,从这次实践中他们学到了许多东西,他们已经改变了许多不恰当的做法。中国有一句谚语:"有心栽花花不开,无心插柳柳成荫。"事实正是这样。我们也开始注意到台湾土著,古代人口和大陆移民的关系,台湾仍住着一些土著的后裔。80年代,我得到一些学者的支持开始一个挽救台湾历史时期古代记载的计划,最后终于建立了一个台湾历史资料研究室,我们收集了有关最近300年的文件、土地契约等,而且已经发表了其中的一部分。去年,我们建成了台湾史研究所,我很高兴看到这些进展。

问:在你发掘凤鼻头和大坌坑遗址的报告中,有一些很有趣的绳纹陶的信息,从那时以来,对于这些陶器在整个东南沿海考古中的意义,特别是年代上又有什么新发现吗?

答:现在已有许多可靠的年代可供参考,中国最早的陶器是绳纹陶,在中国南方的许多石灰岩洞穴遗址中均有发现,碳14鉴定年代约距今一万年。

问:你的观点,即近东发展的模式不一定具有普遍性,也包括了全新世的初期。在这一时期里,就有古代人类居住在日本Fukui和中国南方的洞穴中,应用陶器,实行园圃农业,从而与近东完全不同。你想为什么需要这样长的时间来相应的修正我们的理论?

答:我必须承认,我是经过长时间艰苦的努力才引起美国人类学家们对中国的注意。

问：我发现通晓德文、法文的考古学家们对于远东材料，特别是你的理论工作显示了较大的兴趣，他们似乎不像美国人那样在乎自己的理论被改变，你想为什么会这样呢？

答：我想美国人对其它语言不甚感兴趣。

问：这是一个很厚道的回答！

答：这是真实的。欧洲人学习较多的语言，并倾向于经常读原文，所以他们不会被中文资料吓着。我是通过我的欧洲研究生得到这个经验的。我认为一些美国人被中国文献吓住了。他们不摸中文材料，原因是害怕显得自己无知。我不认为美国人可以仅仅依靠第二手材料来提出他们的理论。我有我的主张，我有我的偏见，我的解释不是史前史的惟一可能的解释。我的美国同事不应该停留在仅仅是接受或拒绝我的解释，他们必须开始自己读原文。

问：我们也需要更多的原始资料的翻译，中国对于西方的开放使此成为可能，你做了拓荒性的工作。

答：也许是如此，但是先驱者的工作必须通过下一代人的改进。

问：对于我来讲，最喜爱你对古代中国食品的研究，绝对使人垂涎欲滴。其中我最欣赏的一行是引自《楚辞·招魂》："瑶浆蜜勺，实羽觞些。"你是怎样开始研究食品的？

答：虽然我喜爱食品，但我不是行家。我开始研究古代中国的食品纯属研究上的不得已。当你研究史前中国的时候，会面对无数种形状的器皿。根据后世的记载，我们了解到某些器皿是为祭祀而用，而且文献提供了它们的特殊名称，这也就是现在我们使用的名称。查理·弗雷克（Chenles Frake）说过，某些东西的术语越复杂，它在文化中所占的地位就越重要。在我看来，食物和饮料在古代中国文化中似乎占有一个非常中心的位置，因为古代中国的食物和饮料的术语是非常多的。我们有理由采用后世的文献中的信息去分析商代的器皿，因为在大多数情况下，器物形状的连续性可以追溯到新石器时代。从器皿下面的烧痕和器皿内部残存的兽骨和饮料来看，它们是被用作食具，这无可置疑。因为器皿的类型太复杂了，除非知道食物和饮料是如何准备的，进餐的习俗是什么，才会了解器皿的类型。这一点尤其适用于青铜器，因为他们一般是随葬品，不可能通过他们在考古环境中的位置而判断它们的用途，不同器皿的专用名词已经广泛地通过文献及实际发现而获得证实。在湖南长沙附近的马王堆漆器中也发现过许多残存的食物。不幸的是，很多器物都是发现于 30 年代，而当时对饮食的分析还未纳入研究内容，器皿内的遗物都洗掉了，所有的信息随之流失。这就是我如何突然间发现我被认为是食品专家。

问：由于你告诉了我们关于最精美的调味和甜食的细节，我对此并不感到惊奇。

答：有一次，"综合食品公司"请我给他们的职员讲一节"中国烹调"的课，他们认为我了解一些烹调术。因此，我给他们作了一个学术性的讲演，我想他们一定十分失望。从那时开始，我谢绝一切食品企业的邀请。台湾有两个俱乐部专门仿造古代的食谱，他们的成员一个月聚一次，轮流准备食物，开始，他们只做古代食物，味道大失所望。现在，他们谨慎了，也做现代菜。古代食谱不可能是全部的，因为最好的配方都是从大师傅和徒弟之间口耳相传。

问：中国考古和近东考古之间有一个十分有趣的对照，在近东考古中，前王朝及王朝时期的研究很多都集中在经济文献、王室的年表及建筑方面。

答：对的。在古代中国考古中，我们没有看见许多经济交换，但是经济交换一定是十分重要的。我们不能想象那些大量的龟甲（占卜所用）和玉器在没有正确地解决交换的前提下可以从南方运到北方。我们偶尔可以发现龟甲收货的记录，但是无法确认是商品或贡物。商代人消费小麦，但自己却不种植，他们是用某种方法买来的或掠夺来的。在卜辞中记载有掠夺，而且也提到小麦。商代的钱币是海贝，也是从很远的沿海地区运来的。后来，商以商人著称，他们一定已经通晓计算术，但是我们不知细节。我所知道的是在关键的龙山和三代时期，经济交换、商业和技术简单地讲并不是重要的，至少我们可以说，并不是王室注意力的焦点。他们的注意力是热心于制造铜器、缴获铜器、战争和祭祀。也许还有其它的资料写在竹子、木板或丝绸上，但是没有保存下来。

问：在某种意义上讲，为了特殊的目的而选择某一材料可视为间接的价值的显示：青铜器意味着永恒，像埃及的金字塔。

答：正确的，考古学者通常发现古代人们想要永久保存的东西。当然，我们可以合理地在实际发现的基础上进行推测。

问：几年前，你对国家形成的推测使你观察到这样一种现象：在中国，"国家未曾单独出现，他们成对地出现或者出现于复合的网状组织之中。例如在中国的青铜时代，夏、商、周和其它政治团体并列发源，竞争发展。"这个意见在三代的研究上起了重要的改变作用。

答：是的，这是了解早期中国的关键转变。并列发展的内在证据来自二里头的发掘材料，以前被认为是早商时期。但是我们现在知道夏和商基本同时存在，而商都位于东部，所以二里头和商是有区别的。商代的器皿质量较好、较重，并且有纹饰。二里头器皿的纹饰有些不同，地层也早。但是我们并不知道商代初建的准确的时间和地点。甲骨文中提示周代是当时许多国之一。我所知道的，第一个讨论交互作用圈发展概念的是秘鲁考古学家班内特（W. C. Bennett），他提出"文化共同传统"的名词。最近以来，普顿斯（Barbara Price）谈到"相互作用组"。怀特（Henry Wright）在他的国家起源的著作中也发展了这个思想，对我帮助很大。伦福儒（Renfrew）把这个现象称为"同等政体"。弗里德（Morton Fried）是一位对中国史密切的观察者，他对于这个问题也写了一篇重要的论文。我想这些概念是被普遍地接受了。我们不需要单纯从原动力的角度看国家形成了，取而代之的是看变化发生时的整个体制。我们应该察看交互作用圈、区域序列和这些区域是如何扩张和相互接触的。然后，我们也许可以发现是什么因素导致社会的阶层化。我们也应观察氏族如何由于人口增长的压力而裂变，然后进入向外殖民地的过程。在中国，我们知道国家是奠基于血缘结构的基础上，正如萨林斯（Sahlins）在分析波利尼西亚所显示的，这种系统非常适应于殖民。

问：那么，能不能确切地说，你认为古代中国有两大系统起作用——一条基于不可改变的亲属关系，而另一条基于萨满教，故而具有社会灵活性。

答：是的。萨满教是一条线，而获取礼器是得到权力的另外一个途径。事实上，即使你出身较低，但如果你拥有礼器，这会使你的权力大于那些在等级制度中占有较高地位的成员。这就是为什么中国人常说："国之大事，在祀与戎。"礼器——青铜器和玉器——使萨满巫师得以接触祖先的智慧，并具有预言的能力。因此我发现青铜技术仅被用于祭祀的礼器及战争的武器。

问：在中国国家形成的研究中，你花了许多时间去研究商、周青铜器上的动物纹饰的含义。

答：在中国的青铜器研究中，中国和西方学者有很长的研究这些纹饰的传统。大多数的可供研究的青铜器都没有考古学的记录，因为他们是在中国历史的各个时期先后被盗掘的，而且仅仅发现于墓葬或窖藏之中。

问：不过，这些青铜器本身为我们提供了一些有关价值系统的连续性的说明。

答：是的。由于这些青铜器都已脱离了原有的环境，所以你只有观察它们的本身。观察美术细节最好的要数美术史学家了，他们研究类型、铭文、功能等等。这几乎是仅有的获得青铜器信息的途径。当然了，罗越（Max Loehr）和其他一些学者把纹饰的目的看作是以装饰为主。有的美术史家则持有人类学的思考方式，例如温特（Vrene Winter）。作为一个人类学者，我认为我们的研究不能到此为止，因为人兽主题早自仰韶和龙山文化时即已出现。基于许多其它的理由，我相信我们可以将这些纹饰的意义与萨满艺术联系起来。我想我们只有通过萨满艺术才能理解商、周铜器上的纹饰，因为众所周知，动物乃是萨满巫师的助手。中国有着丰富的历史文献记载了萨满仪式,如召唤龙,或鹿,或虎等等。在动物的帮助下,萨满巫师被认为可以周游寰宇。动物纹饰含义很深,我们虽然缺乏商代本身有关这方面的文字记录,但是纹饰、器物等,完全和所有其它资料相吻合,包括长期积累的考古资料和以后的文献记载在内。所以这是惟一合理的解释。

问:你最近建议大麻——古代的好大烟——也许是古代中国萨满巫师应用的"手段"之一。你引用东汉《百草经》中讲到大麻时的一段话:"多食令见鬼,狂走。久服通神明,轻身。"

答:是的。我想应该在学术上合法化去检验这一点,大麻有使人神志迷幻的成分,如果有人在这种状态下去观察古代商周的青铜器,其结果一定是很有趣的。纹饰中的龙也许会腾空飞起!假如你的目的是通灵祖先,服用一些神志恍惚的药物,如大麻或蘑菇,再加上舞蹈——正像我们在东周绘画铜器上描绘的——也许可以达到这一效果,这一点我基本上可以肯定。必须记住,拥有青铜器是关系到帝王生死存亡的事情,它们代表了神灵的和世俗的权力,所以为此付出任何代价也都是值得的。

问:我认为中国的礼仪青铜器相当于近东的礼仪建筑。在近东皇帝是寺庙的建造者,每个建筑细节都代表一个特有的意义:寺庙设计,每块砖上的皇帝的印,墙上的艾希塔的狮像和马杜克的龙等。这些都说明皇帝的权力和他的神圣合法性。

答:正是这样的。我们不能一方面讲青铜器是重要的礼仪用品,而在另一方面却讲铜器上的纹饰仅仅是装饰。我们也许没有当时的记载,但是在近东考古中,人们也必须应用以后的记载来解释类似的象征符号。事实上，我的大多数理论和推测可能会被更改，但是，我绝对自信青铜器纹饰具有含义的论点是正确的。由此可以解释整个中国的青铜时代。玛雅的情况也是如此，整个建筑及建筑的细节都有一个故事，媒介不同，但方式相同。

问：你在最近的一篇论文中讲到，甲骨文和一些青铜铭文上称商周时期的萨满为"通天地的数学家，也是贤人和聪明人"。他们应用的工具是"矩"即"绘方圆的仪器，使用者则是可以操纵天地之人"、萨满或"巫"。我理解这些象形文字是甲骨文上的。

答：我必须感谢台湾故宫博物院的袁德任先生，是他使我认识到"矩"和"巫"之间的关系，并指点我原文的出处。许多年来，我一直在辨识"巫"字。七年前，他告诉我这个字与一个绘方、圆的古代工具有关，同时给我看这个甲骨文。然后，我又进一步推敲这个字，并与宇宙论相联系，他的提示是这个难题的最后一个环节。

问：追随这个思路，你大概已经解决了中国考古上的另外一个难题。在这同一篇文章中你分析了神秘的玉管、琮。琮出现于3000B.C.以前的东部沿海区域，但在以后中国历史的每一个时期都有出现。

答：关于琮已经有过许多理论了，有人说它们是先人图像卷轴的插座，有人建议是性含义，还有人认为是帐篷上烟囱的象征或是什么机械设备。我持有不同的解释，我认为琮通过很小的体积，把新石器时代人们的宇宙观都包括在其中，并给了我们一个从新石器时代至王朝时代的承前启后的联系。它表示

"天地沟通",天圆地方,所以琮两端圆,中间方。中间的穿孔表示相通。在许多琮上有动物图像。我不知道它们的用法,琮总是在墓葬中发现,穿在一起放在尸体的上边,其上有烧灼的痕迹,燃烧乃是使某种物体从一个世界转化到另一个世界的方法。

问:挺像在传统中国,甚至今日的某些地方出殡时烧纸车、纸家具和假钱。

答:这种意识自古代即存在。琮自龙山时期开始就是位于复杂社会核心的礼器的主要象征物,从这里我们可以看到等级社会的开始,这些礼器是转化社会的工具。

问:这些东西是如何制作的?难道在新石器时代人们就投入了足以和商代青铜技术相比拟的社会能量?

答:是的。制造这些琮消耗许多时间,玉很硬,不好加工,我们真的不知道这些管是如何制造的。龙山人没有硬金属工具,有人认为这种雕刻是用鲨鱼的牙齿完成的。在青铜时代,玉器的重要性减弱,青铜器取而代之成为主要礼器。

问:你的发现真是无穷无尽!听着你的介绍,看着你拿来越来越多的书和论文,我真是感到激动。我们已被堆积如山的文章所包围,这意味着如此众多的研究计划,而黑板上没有地方再画别的图像或象形文字了。

答:你是对的,情况是完全失控了。不过对于我们可以发现而且了解的问题而言,这不过是刚刚接触到表面而已。

问:这种创造的困境使我想到孔子,他也产生过你的这类

问题!请原谅我引用他的话:

> 是故学然后知不足,教然后知困。知不足,然后能自反也;知困,然后能自强也。故曰:教学相长也。《兑命》曰:"学学半。"其此之谓乎!(《礼记·学记》)

从与你的学生们座谈及会见你已毕业的学生们,我的印象是你非常喜欢教书。

答:非常对。如果有人提供我一个仅做研究的工作,我也许会同意尝试一下,但我内心是不会接受的,因为这将意味着把我和年轻人分割开来。你教书的时候,你必须领先于你的学生。在哈佛这样的地方,你不能装假,他们太聪明,能立即看透你的浮夸,并且学生们总是从新的和不同的角度去观察同样的事情。他们会思考你从未想过的问题,我已经教了三十四年书了,但是我从未觉得自己是个资深教授,我真的感觉像一名求知欲很强的研究生。

问:你这种感觉是如何体现到你的工作上的呢?

答:我总是发现新的领域,而且追踪所找到的每一个线索,但是需要了解的东西实在太多。一名学者一生中最大的悲剧是当他(她)的思想成熟了,当零散的知识开始聚集在一起的时候,他们的精力开始下降了。中文的一成语"触类旁通"描写了这样一种境界:当你集中精力思考一个问题时,其余与此有关的内容也会自动浮现出来。像考古和历史这样的学科,真的是年纪越大,理解的越多。

问:英文中最接近的思想也许是"综合"。

答:还不是。因为综合研究牵涉到客体,而触类旁通是经验。但这需要有精力——这个经验必须提供——但你年龄大了，你对每件事的精力即减小了。

问：1986和1987年，你担任了厦门大学和北京大学的客座教授，你发现教中国学生有什么不同吗？

答：非常不同。西方学生喜欢形成独自的观点，哈佛和耶鲁的大学生们特别是能够很快地接触到问题的核心，而从不盲目地接受老师的观点。他们批评任何已经建立的理论，而要超过他们的教授。对于一个好的学者而言，这是必要的。不好的一面是，他们常常缺乏耐心，他们急于要答案。而中国学生恰恰相反：他们非常耐心，他们接受老师教授的一切知识，很少批评，他们要求自己赶上老师，但并不求胜过老师。在研究院里，一个学生的研究项目全部由一个教授掌握，这就是他的主人。我已经多次的给中国的大学提意见，改变这种传统的教育方法。

问：他们发表你的反对观点吗？

答：我已经在《中国文物报》上发表了约十篇文章。这个报纸是一周一次，报告考古界的主要新闻。目前是得到中国考古信息的最快的途径。

问：一周一次？他们有这么多考古活动来发表吗？

答：是的。幸运的是，在中国，考古比理论和意识形态的不同更重要。在我最近的一篇文章里，我讲到一名考古学生来问"道"于我，我告诉他，他已经选择了一门极好的专业，其中创造性是无限的。但是，如果你想取得成功就必须比你的老师强。有一句中国谚语："青出于蓝而胜于蓝。"青是第二轮颜色，蓝是原色。如果你仅从一个人那里学习，最多你可以赶上这个人，而新一代将没有新思想。但是，我不认为中国学者会为此而不快，我不是指个人，我是批评这个教育体系，这个体系妨碍了考古学，特别因为他们只研究中国。我已经告诉他们："如果你们不学习世界的其它地区，不给学生发现新思想的自由，你们不可能做好考古。"

问：孔子也有类似的看法："故君子之教，喻也。道而弗牵，强而弗抑，开而弗达。"（《礼记·学记》）

答：这也许是孔子的思想，不过中国教授们并没有这样做。中国需要大批经过严格训练的学者，可惜的是只有少数在这里学习过的中国学生想回中国，这是一个问题。这并不责怪他们，但是，这种情形必须改变。

问：在你写的教科书的结尾，你写道，我们正在进入中国考古的黄金时代。

答：不错。但是我指的是潜力，并没完全实现。在中国，有许多东西在等待发现。新的、意想不到的成果已经是成熟待取。今天，中国正在进行大量的基建工程，新的和好的东西不管我们是否寻找，他们都会出土的。有许多有价值的和富有成果的工作正等待开发，这需要几代考古学者的努力才能完成。

问：我知道你正在参与一个重要项目，也许你本人就可以发现一些"黄金"。

答：是的，这是非常激动人心的项目。中国所有早期文明中最重要的是商，因为商是形成的时代，有了最初的文字系统。19世纪末，王懿荣从药材中第一次发现了甲骨文，追溯到殷墟。墟是"废墟"的意思，殷是商最后一个都的名称，其时代约从1350B.C.—1100B.C.，甲骨即应用于这一时期。这里还发现了精彩的青铜器和车马坑。在本世纪李济是整个地区考古发掘的主任，安阳实际上是一组遗址提供了整个中国从史前期到历史时期过渡的研究资料。1950年在郑州发现了商代的一个新时期，地层关系上比殷墟早300年。我相信，还有一个更早的时期，必定是比王朝早的时代，相当于二里头文化和夏代。

问：你是否在积极地寻找这一线索呢？

答：可能是如此。我把"商"解释为"祖先崇拜"。根据中国的传说，商代祖先的神殿位于商丘附近，甚至今天我们也称为"商丘"，"丘"也是废墟的另一种叫法，"商"则是商代祖先的第一个首都。早期地层和祖先神殿遗址的发现将帮助我们了解商代的开始。这就是我们正在寻找的目标。不过这一工作正如在大片草堆中摸针，因为商丘地区是冲积平原，整个地区都被黄河泛滥的黄沙和淤泥覆盖着。今天，表面是大片的农田，但是原始地形是丘陵，不过谷底部被埋上了，我们可以看到的是一些未埋上的高处。在这些丘陵的顶部曾经有过许多考古发现，但是没有早商或先商的遗物。因此，他们不再在这个区域去寻找线索了，而将工作重点向北移，我在1988年开始和年轻的一代人合作，反对任何外国人在中国参加考古的老一辈已经故去了，而对他们讲，我也是外国人。现在时代变了，我已经说服年轻的考古工作者们，我们必须依据传说再认真地试一次。

这个计划已经进行了很长时间了，正像德国人谢立曼（Schliegmann）在土耳其寻找传说中的城市特洛伊（Troy），我希望我们不像他一样找到其它的七个城市！我相信我们会在商丘附近滩河以北的古代河床上有重要发现。本地民间故事中有许多村庄的名字与商代有关，而一位商王宰相据说也葬在此地。有一个地方传说是古代天文学家观测火星的地方，"火星"是天蝎星座中的，在古代农业中起重要作用。甲骨文中记载商远征到这个区域，所以我们有许多有用的名称和事实。除此以外，还有很多考古学上的原因让我作出这一推测，不过这太专门化了，所以不必在此讨论。我们已经应用了遥感仪器，例如雷达。昨天，我们队的一名队员打长途告诉我，他们在七八米深的地下发现一些很有希望的现象。如果我们不在较短的时间之内发现一些重要的线索，我们的钱可能会用完了。但是，不管结果如何，现在已经是伟大的成功，因为这是首次西方考察队允许在中国的中心区域参加联合发掘（自解放以后），科学的合作又一次开始了。

问：你如何评价你这么多年来的主要工作？

答：中国人说，一个人的一生只有盖棺论定。我不认为我自己是那种有惊天动地贡献的人，但是，我一生中有几件工作我自己很高兴。一件是商代王室继承的发现，传统上认为王室的继承应是按通常的父传子的序列。当我在耶鲁大学的时候，我遇见了朗斯伯礼（Floyed Loumsburg），他使我对亲属关系感到了兴趣，我开始仔细地研究商代的继嗣，然后我发现了一个模式。过去的顺序是司马迁重建的，也许有错误，但一个模式是可以清楚地辨认出来的。这就是隔代相传的模式。腊德克里夫—布朗（Radcliffe—Brown）定名这是隔代同一性的原则。这一发现引起了一系列的质疑，很多研究商代的学者们循此而做了不少工作。我的意见是商代王室继嗣分为两部分，轮流执政。精确的机构现在还不十分清楚。这个问题存在了几千年，而我偶有所得。提出了新的问题，解决难题，至少在一定程度上解决难题，是很大的乐趣。让我高兴的第二项工作是台湾绳纹陶器年代顺序的建立，这个发现为我们解释太平洋诸岛人类起源的问题提供了可能性。最后，我对商代青铜器上动物纹饰的解释——对我来讲这一解释把所有的已知线索归纳在一起，告诉我们真实的文化变迁的过程，向我们最后提供了一条与传统模式不同的道路。我没有任何意思建议"东方是东方，而西方是西方"，我相信，在最终的目标上，在一个最高的水平上，普遍性是存在的。但是，就中国的实际情况，像任何其它区域一样，应该按照它自己的规律去进行研究。也许在将来我们有能力做一些有效的比较。

问：孔子也这样说过："中心安仁者，天下一人而已矣。"（《礼记·表记》）

答：是的，正确的。

问：这次内容丰富的采访快结束了，我很难过。这几天里我一直纳闷你桌子后面那幅美丽的大卷轴上写的是什么，你能翻译给我听吗？

答：当然了，是一副对联：

古今来多少世家无非积德
天地间第一人品还是读书